Friedrich Rückert
Die Weisheit des Brahmanen

Friedrich Rückert

Die Weisheit des Brahmanen

Ausgewählt
von Richard Wecker

ANACONDA

Die Weisheit des Brahmanen erschien zuerst 1836–1839 in sechs Bänden bei Weidmann in Leipzig. Textgrundlage dieses Bandes ist die von Richard Wecker herausgegebene Auswahlausgabe Bad Oldesloe: Uranus-Verlag Max Duphorn 1923. Der Text wurde unter Wahrung des Lautstandes und grammatischer Eigenheiten orthographisch behutsam überarbeitet. Der Konkordanz im Verzeichnis der Gedichtanfänge liegt die Ausgabe Friedrich Rückert: *Die Weisheit des Brahmanen. Ein Lehrgedicht in Bruchstücken.* 2 Bände. Bearbeitet von Rudolf Kreutner und Hans Wollschläger. Göttingen: Wallstein 1998 [Friedrich Rückerts Werke. Historisch-kritische Ausgabe. ›Schweinfurter Edition‹] zugrunde.

Die Deutsche Nationalbibliothek verzeichnet diese Publikation in der Deutschen Nationalbibliographie; detaillierte bibliographische Daten sind im Internet unter http://dnb.d-nb.de abrufbar.

© 2007 Anaconda Verlag GmbH, Köln
Alle Rechte vorbehalten.
Umschlaggestaltung: Sabine Reimer, London
Layout: Druckfrei. Dagmar Herrmann, Köln
Satz: GEM mbH, Ratingen
Printed in Czech Republic 2007
ISBN 978-3-86647-155-9
info@anaconda-verlag.de

1.

Ein indischer Brahman, geboren aus der Flur,
Der nichts gelesen als den Weda der Natur;

Hat viel gesehn, gedacht, noch mehr geahnt, gefühlt;
Und mit Betrachtungen die Leidenschaft gekühlt;

Spricht bald, was klar ihm ward, bald um sich's klar
      zu machen,
Von ihn angehnden halb, halb nicht angehnden Sachen.

Er hat die Eigenheit, nur Einzelnes zu sehn,
Doch alles Einzelne als Ganzes zu verstehn.

Woran er immer nur Sieht schimmern einen Glanz,
Wird ein Betkügelchen an seinem Rosenkranz.

2.

Wer Furcht vor keinem hegt, Furcht keinem auch erregt,
Sieht den furchtbaren Tod, von keiner Furcht bewegt.

Wer keine Lust verstört, wen keine Lust betört,
Erlangt die höchste Lust, wo alle Lust aufhört.

Wem Hoch und Niedrig gleich, gleichviel ist Hart
      und Weich,
Gleichgiltig Reich und Arm, der ist in Armut reich.

Wer Lieb mit Lieb umfaßt und Selbst den Haß nicht haßt,
Der ist zu Hause dort, hier aus der Welt ein Gast.

3.

Bedenke, daß ein Gott in deinem Leibe wohnt,
Und vor Entweihung sei der Tempel stets verschont.

Du kränkst den Gott in dir, wenn du den Lüsten frönest,
Und mehr noch, wenn du in verkehrter Selbstqual stöhnest.

Gott stieg herab, die Welt zu schaun mit deinen Augen;
Ihm sollst du Opferduft mit reinen Sinnen saugen.

Er ist, der in dir schaut und fühlt und denkt und spricht;
Drum was du schaust, fühlst, denkst und sprichst, sei
        göttlich licht.

4.

Wenn es dir übel geht, nimm es für gut nur immer;
Wenn du es übel nimmst, so geht es dir noch schlimmer.

Und wenn der Freund dich kränkt, verzeih's ihm und
        versteh:
Es ist ihm Selbst nicht wohl, sonst tät er dir nicht weh.

Und kränkt die Liebe dich, sei dir's zur Lieb ein Sporn;
Daß du die Rose hast, das merkst du erst am Dorn.

5.

Zwei Spiegel sind, worin sich selber schaut mit Wonne
Die hohe Himmels- und die höchste Geistersonne:

Ein Spiegel ist das Meer, von keinem Sturm empört,
Ein andrer das Gemüt, von keinem Drang verstört.

6.

Wer Schranken denkend setzt, die wirklich nicht vorhanden.
Und dann hinweg sie denkt, der hat die Welt verstanden.

Als wie Geometrie in ihren Liniennetzen
Den Raum, so fängt sich Selbst das Denken in Gesetzen.

Anschaulich macht man uns die Welt durch Länderkarten.
Nun müssen wir des Geists Sternkarten noch erwarten.

Indes geht, auf die Gefahr den Richtweg zu verlieren,
Der Geist durch sein Gebiet, wie wir durchs Feld spazieren.

7.

Freust Du auf Künft'ges dich, so sieh doch zu, weswegen?
Ob du nur hier dich weg, ob dort dich freust entgegen?

Entgegen soll man sich dem Tode selber freun,
Doch übers Leben sich hinwegzuwünschen scheun.

Wie nüchtern, freudenleer, wie öd ein Tag, worüber
Du nichts zu denken hast, als: wär auch er vorüber!

8.

Dein Auge kann die Welt trüb oder hell Dir machen;
Wie du sie ansiehst, wird sie weinen oder lachen.

Dein äußres Auge kannst du schärfen selbst und üben;
O hüte dich vielmehr, dein inneres zu trüben!

Wenn rein dein Innres schaut, das Äußre mag erblinden,
Du wirst das helle Bild der Welt im Herzen finden.

9.

Der Vater mit dem Sohn ist über Feld gegangen;
Sie können nachtverirrt die Heimat nicht erlangen.

Nach jedem Felsen blickt der Sohn, nach jedem Baum,
Wegweiser ihm zu sein im weglos dunklen Raum.

Der Vater aber blickt indessen nach den Sternen,
Als ob der Erde Weg er woll' am Himmel lernen.

Die Felsen blieben stumm, die Bäume sagten nichts,
Die Sterne deuteten mit einem Streifen Lichts.

Zur Heimat deuten sie; wohl dem, der traut den Sternen!
Den Weg der Erde kann man nur am Himmel lernen.

10.

Nichts hast du schlecht gemacht, auch was du machtest
    schlecht,
Es half dir, daß du nur was andres machtest recht.

Du hättest nur vielleicht dem Unverstand verschweigen
Das Eine sollen und allein das Andre zeigen.

Man sieht den Weg dich gehn, nicht bloß am Ziel dich stehn,
Und immer lehrreich ist, auch jenes anzusehn.

11.

Ein Wunder ist die Welt, das nie wird ausgewundert,
Das niederschlägt den Geist und wieder ihn ermuntert.

Daniederschlägt den Geist vorm ew'gen Stoff ein Bangen,
Und stets ermuntert's ihn, den Kampf neu anzufangen.

Ob du benennen willst das Viele, Einzle, Kleine?
Ob du erkennen willst das Große, Ganze, Eine?

Unendlichkeit ist dort und hier Unendlichkeit,
Und mit den beiden wagst du Endlicher den Streit.

Eh du am Boden ganz ein Gras hast durchbetrachtet,
Ging eine Welt voll Glanz vorbei dir unbeachtet.

Und eh du Zweig und Blatt gezählt am Sternenbaum,
Blüht ungenossen ab ein Erdenfrühlingstraum.

Getrost! Zwar du nicht bist, doch Gott ist überall;
Du siehst das ganze Licht in jedem Farbenstrahl.

Und alles ist dem Geist ein würd'ges Element,
Was schürt die Andachtsglut, in der die Schöpfung brennt.

12.

Dem Menschen kann nicht leicht ein größrer Spott geschehn,
Als gibt ein Spiegel ihm, verzerrt sich selbst zu sehn.

Das ist ein Buch, das dir in einem fremden Geist
Den eigenen, entstellt zur Geistesfratze, weist.

13.

Vergeistigen die Welt ist geistiges Ergötzen,
Doch ein entsetzliches, sie nur durch Geist zersetzen.

Schad um die schöne Welt, wenn sie hinweg nur taut
Der Geist, und nicht daraus mir eine schönre baut;

Wie Wintersonnenstrahl Frostblumen nur zertauen,
Doch Frühlingsblumen nicht kann wecken auf den Auen.

14.

Das heil'ge Feuer schür, ein ewiges Symbol
Des Feuers, das die Welt durchfacht von Pol zu Pol;

Des Feuers, das die Welt durchwirkt von Sphär' zu Sphäre,
Und ohne daß die Sonn ein kalter Goldschild wäre;

Des Feuers jener Ess', an der der dunkle Schmied,
Stets fördernd neu Geschmeid, im Dienst des
　　　　　Lichtherrn kniet:

Des Frühlings Blumenschmelz, gestirnter Nachtlazur,
Tier-Menschen-Geistbild, sind dess' Funken nur.

15.

Die Seligkeit ist nicht, nur selig selbst zu sein,
Die Seligkeit ist nicht allein und nicht zu zwein;

Die Seligkeit ist nicht zu vielen, nur zu allen;
Mir kann nur Seligkeit der ganzen Welt gefallen.

Wer selig wär und müßt unselig andre wissen,
Die eigne Seligkeit wär ihm dadurch entrissen.

Und die Vergessenheit kann Seligkeit nicht sein,
Vielmehr das Wissen ist die Seligkeit allein.

Drum kann die Seligkeit auf Erden nicht bestehn,
Weil hier die Seligen soviel Unsel'ge sehn.

Und der Gedanke nur gibt Seligkeit auf Erden,
Daß die Unseligen auch selig sollen werden.

Wer dieses weiß, der trägt mit Eifer bei sein Teil
Zum allgemeinen, wie zum eignen Seelenheil.

Gott aber weiß den Weg zu aller Heil allein;
Drum ist nur selig Gott, in ihm nur kannst du's sein.

16.

Aus jungen Augen sieh die Welt stets neu entfaltet;
Glaub's deinen alten nicht, sie sei mit dir gealtet.

Ein alter Vogel lernt nicht mehr; kommt her, ihr jungen,
Und singen lernt von uns, doch nicht wie wir gesungen;

Nein, immer besser zu! Denn alles muß auf Erden
Doch immer besser, auch der Sang der Vögel werden.

Und macht ihr's besser nicht, so denkt doch, daß ihr's macht.
Wir haben eben das zu unsrer Zeit gedacht.

Was ist die Ähnlichkeit und was der Unterschied?
Wir sangen und ihr singt das neuste schönste Lied.

17.

Auf Erden gehest du und bist der Erde Geist;
Die Erde kennt dich nicht, die dich mit Blüten preist.

Auf Sonnen stehest du und bist der Sonne Geist;
Die Sonn erkennt dich nicht, die dich mit Strahlen preist.

Im Winde wehest du und bist der Lüfte Geist;
Die Luft erkennt dich nicht, die dich mit Atem preist.

Auf Wassern gehest du und bist des Wassers Geist;
Das Wasser kennt dich nicht, das dich mit Rauschen preist.

Im Herzen stehest du und bist der Liebe Geist;
Und dich erkennt das Herz, das dich mit Liebe preist.

18.

Nichts bessres kann der Mensch hienieden tun, als treten
Aus sich und aus der Welt und auf zum Himmel beten.

Es sollen ein Gebet die Worte nicht allein,
Es sollen ein Gebet auch die Gedanken sein.

Es sollen ein Gebet die Werke werden auch,
Damit das Leben rein aufgeh in einem Hauch.

19.

Laß nur den tollen Spuk der Zeit vorüberflirren!
Ergötzen kann er dich, er kann dich nicht verwirren.

Doch wenn dem Schwindel trotzt dein Geist mit fester
        Stirne,
Bedenke, daß es gibt auch schwächere Gehirne.

Den Wirbel mehre nicht, worin sie trunken drehn;
Zeig ihnen eh'r den Punkt, worauf man fest kann stehn.

20.

Der beste Edelstein ist, der selbst alle schneidet
Die andern und den Schnitt von keinem andern leidet.

Das beste Menschenherz ist aber, das da litte
Selbst lieber jeden Schnitt, als daß es andre schnitte.

21.

Die Unvollkommenheit der Welt hat zu beklagen,
Wer sie geschaffen glaubt zur Lust und zum Behagen.

Geschaffen ist sie wohl zu anderem Bedarf,
Wie der für gut befand, der so den Plan entwarf,

Zu seinem nicht, und nicht zu unserem Vergnügen,
Zu unserm Heil gewiß; darein mußt du dich fügen.

22.

Ich gebe dir, mein Sohn, das mögest du mir danken,
Gedanken selber nicht, nur Keime von Gedanken.

Nicht mehr zu denken sind Gedanken, schon gedacht;
Von Blüten wird hervor kein Blütenbaum gebracht.

Doch ein Gedankenkeim, wohl im Gemüt behalten,
Wird sich zu eigener Gedankenblüt entfalten.

23.

Ein wenig länger noch Geduld und froher Mut,
Und hell wird alle Trüb und alles Übel gut.

Schon ist ein sanfter Strahl dem Dunkel eingesprengt,
Ein süßer Vorschmack schon dem Bittern eingemengt.

Wenn ab der Schatten nur, wenn zu das Licht nur nimmt,
Wie schwer auch jener fällt, wie schwach auch dieses glimmt;

Ein wenig länger noch Geduld und froher Mut,
Und hell wird alle Trüb und alles Übel gut.

24.

Dein Wirken wirst du nach verschiednen Stund' und Tagen
Bald allzu niedrig, bald auch allzu hoch anschlagen.

Das sind des Hochmuts und des Kleinmuts böse Geister,
Die laß nie sein in dir der rechten Demut Meister.

Mit höchstem Selbstgefühl verträgt die Demut sich;
O Werkzeug Gottes, du nicht wirkst, er wirkt durch dich.

25.

Wie hoch, wie tief du seist, will das dir nicht sich zeigen,
Doch fühlst du, ob du bist im Sinken oder Steigen.

Im Sinken fühlst du Schwer', im Steigen Leichtigkeit,
Dort von dir selbst gedrückt und hier von Druck befreit.

Das merk und denk dabei: Du kannst im freien Wallen
Steigen aus jeder Tief, aus jeder Höhe fallen.

26.

Sich selber anzuschaun, der Schöpferkraft bewußt,
Erschuf Gott die Natur, den Spiegel seiner Lust.

Im Anblick der Natur wenn du dich fühlst erbaut,
Da hast du ihn belauscht, der in den Spiegel schaut.

27.

Du fragest, wo und wie im Land du wohnen sollest,
Wenn du des Menschen Zweck und Glück erreichen
     wollest.

Wohn unter Himmelklar aus selbstbegrünter Flur,
Ruhend im Vollgenuß am Busen der Natur.

Wohn auf bebautem Feld, wo, was man pflanzte, sprießt,
In Fülle, die sie schafft, die Arbeit sich genießt.

Wohn in belebter Stadt, wo eins das andre regt,
Bild und laß bilden dich, bewegend und bewegt.

Wohn in der Wüste, wo Natur- und Menschenweben
Dich beides nicht berührt, um dir und Gott zu leben.

Wo du auch wohnen magst, da kannst du sein und bleiben
Ein Mensch und Menschliches so oder anders treiben.

28.

Mit Andacht hab ich in den Regen ausgeblickt,
Der endlich lang ersehnt, die durst'ge Welt erquickt.

Ich habe wohl für mich zu trinken stets gehabt,
Doch hat nichts, weil die Welt gedurstet, mich gelabt.

Nun schweigend alle, die zuvor gedurstet, tranken,
Mußt ich in meinem und in ihrem Namen danken.

29.

Von Lob und Tadel hängt mitnichten ab dein Adel,
Doch eh'r als halbes Lob wünsch ich dir ganzen Tadel.

Der Tadel spornet dich, den du gerecht erachtest,
Und ungerechter kränkt dich nicht, den du verachtest.

Doch kahles Lob, wie zur Abspeisung nur bestimmt,
Ein Brocken ist's, womit vorlieb ein Bettler nimmt.

30.

Wieviel gibt dir ein Freund! Genug, um ihm zu danken,
Statt insgeheim um das, was er nicht gibt, zu zanken.

Und gibt er grade nicht, was du gebrauchtest eben,
Gebrauche nur, so gut du kannst, was er kann geben.

31.

1. Zwar ist Vollkommenheit ein Ziel, das stets entweicht,
Doch soll es auch erstrebt nur werden, nicht erreicht.

2. Erst denkst du nicht daran, wie weit es sei zum Ziel;
Schon ist es halb getan, nun ist der Rest ein Spiel.

3. Das Wort hat Zauberkraft, es bringt hervor die Sache;
Drum hüte dich, und nie ein Böses namhaft mache.

4. Wer allzu eiferig bekräftigt sein Versprechen,
Beweiset dir damit den Willen es zu brechen.

5. Wer einmal lügt, muß oft zu lügen sich gewöhnen;
Denn sieben Lügen braucht's um eine zu beschönen.

6. Ein Ärgernis ist nur, wo man es nimmt, gegeben;
Dir Vorgeworfenes brauchst du ja nicht aufzuheben.

7. Das Hündlein wedelt, dir sein Futter abzuschmeicheln;
Den edlen Hengst, damit er's annimmt, mußt du streicheln.

32.

Zu lehren glaubt ich oft, was ich an mir erfuhr,
Und sah dann: Ich umschrieb ein altes Sprichwort nur.

Das eben ist die Art des Sprichworts; wir gewahren
Erst seinen Sinn, wenn wir ihn an uns selbst erfahren.

33.

Nie such ich in der Nacht den Schlummer auf den Pfühlen,
Ohn erst mein liebstes Kind mit Händen anzufühlen.

Und wenn ich ihm befühlt die Hand und das Gesicht
Im Dunkeln, ist's genug, zu sehen brauch ich's nicht.

Zwar weiß ich wohl, nichts wird ihm die Berührung nützen,
Wenn bessre Mächte nicht die Nacht durch es beschützen.

Doch bildet ich mir ein, hätt ich es je versäumt,
Ich hätte böser Macht den Spielraum eingeräumt.

Und hätt es deshalb auch nicht minder wohl geruht,
Geschlafen hätt ich selbst darum doch minder gut.

34.

Wer immer kommt zur Welt, verbraucht von ihr ein Stück,
Und doch wird sie davon nie minder, welch ein Glück.

Warum wird sie davon nie minder? Weil, wer auch
Sie mag verbrauchen, ihr dient wieder zum Verbrauch.

35.

Stets klarer wird es mir und endlich wird es klar,
Daß ich nichts andres ward, als was ich anfangs war.

Ein Pflanzenkeim, der erst sich in zwei Läppchen spaltet,
Dann Stengel wird und Blatt, und sich als Blum entfaltet

Die Blume, die mit Licht schaut in sich selbst hinein,
Erkennt die Pflanz in sich, das wird ihr Same sein.

36.

Ich weiß vier Wissende, ein fünfter geht mit drein;
Die viere wissen nichts, der fünfte weiß allein.

Der eine weiß zum Ruhm, der andre zum Genuß,
Der dritte zum Erwerb, der vierte zum Verdruß.

Der fünfte weiß nicht, was, woher, wozu er's weiß,
Strahlt Wärm aus wie die Sonn, und wird ihm selbst
        nicht heiß.

37.

Mein Prinz! Die Schmeichler sind gefährlicher als Raben,
Die pflegen Toten nur die Augen auszugraben;

Indes der Schmeichler sie dem Lebenden entwendet,
Und den Scharfsichtigsten mit falschen Künsten blendet.

Wer in der Jugend so hat das Gesicht verloren,
Erlangt's nie mehr und bleibt, als sei er blind geboren.

38.

Den heil'gen Weda wenn du liesest in der Nacht
Beim Schein der Lampe, sei der Lampe Schein bewacht,

Daß er nicht düster brenn und daß er irr nicht flirre,
Das dir's nicht dunkel sei, und daß dein Sinn nicht irre.

Auch sei nach außen hin, ein Schirm gestellt vors Licht,
Damit kein Lüftezug es stör im Gleichgewicht,

Auch nächt'ge Fliegen nicht und nächt'ge Schmetterlinge,
Verlockt von deinem Licht, versengen ihre Schwinge.

Denn weil du denkest den, der Leben hat gegeben
Den Wesen allen, soll verlieren keins das Leben;

Und nie gereichen soll geweihter Flamme Schürung
Zu Ungeweihter Tod, zu Schwacher Irreführung.

39.

Zu Gott gelangst du nicht im Wachen, noch im Traum;
Er ist im Weltraum nicht, noch im Gedankenraum.

Du kannst die Grenze nicht des Denkens überschreiten,
Doch stehend an der Grenz, hinüber sehn vom weiten.

Und wie dein Auge sieht, was du nicht kannst ergreifen,
So kann dein höhrer Sinn ins Undenkbare streifen.

40.

Die Blumen blühn so schön noch wie vor tausend Jahren,
Und wir sind schlechter nicht, als unsre Väter waren.

Die Blumen blühen jetzt nicht schöner als vor Jahren,
Und wir sind weiser nicht, als unsre Väter waren.

Denn wo nur Himmelstrich und Jahrzeit es erlaubt,
Blüht Geist und Glanz getaucht, Gemüt von Duft bestaubt.

41.

Schauspielerin Natur tritt aus in allen Rollen
Vorm Geist, die täuschen ihn und ihn ergötzen sollen.

Und wenn sie sich erkannt in jeder Maske sieht,
Tritt sie beschämt zurück, und alle Täuschung flieht.

42.

O wie kurzsichtig ist die Weisheit der Geschichte,
Von der du glaubst, daß sie gerecht die Toten richte.

Zu wandeln lieb ich nicht in diesem Pantheon,
Wo, wie hier außen, nur gereiht ist Thron an Thron.

Als ob nichts Großes sei, das nicht aus Thronen säße,
Sich innrer Menschenwert an äußerm Glanz nur mäße.

Geh doch die Reihe durch der Einzigen, der Großen!
Wieviel sind, die man nicht vom Throne sollte stoßen?

Daß Großes sie getan mit großer Macht und Kraft,
Macht das aus ewig sie für Menschen musterhaft!

Wo ist, wenn du auch das willst ziehen in Betrachtung,
Ein Fünkchen Menschenlieb, ein Körnchen
      Menschenachtung?

43.

Die beiden Palmen, die dort alternd stehn beisammen,
Sie danken nicht ihr Heil dem Grund, aus dem sie stammen;

Sie danken es dem Hauch des Himmels, Poesie;
Sie stehn, weil einmal sprach ein Dichter scheidend hie:

Ihr beiden Palmen, gebt mir euern Abschiedsgruß,
Weil ich von allem, was mir lieb ist, scheiden muß.

Nie rastet das Geschick, zu scheiden und zu trennen
Auf Erden alle, die sich lieben und sich kennen.

Ihr aber bleibet ungeschieden mir, ihr beiden!
Doch wird das Unglück auch einst kommen, euch zu scheiden.

Der Dichter sprach's und ging den schweren Abschiedsgang,
Doch in den Lüften hier blieb feines Liedes klang.

Es ging von Ohr zu Ohr das Lied, von Mund zu Munde,
Und nie droht Axt und Beil dem heil'gen Palmenbunde.

Da kam der König her auf seinem Siegeszug,
Die Palme stand im Weg dem Wagen, der ihn trug.

Des Beiles Schärfe war schon angelegt dem Fuß;
Der Fuhrmann aber sprach des Dichters Abschiedsgruß:

Ihr Palmen bleibet ungeschieden mir, ihr beiden!
Doch wird das Unglück auch schon kommen euch zu
      scheiden.

Das war der beiden Heil; der König rief: Halt ein!
Ich will das Unglück, das sie scheiden soll, nicht sein.

Dem Dichterworte mag zur Ehre sich bequemen
Mein Siegeswagen wohl, den Umweg hier zu nehmen.

Ihr aber steht, bis euch Sturm oder Alter bricht!
Das mag das Unglück sein, von dem der Dichter spricht.

44.

Hoch im Gebirge quillt aus einem Felsenspalt
Von wunderbarer Kraft ein Wasser süß und kalt.

Es quillt das ganze Jahr an einem Tag allein,
Und jeder wird geheilt, wer dann sich stellet ein.

Mehr oder minder quillt das Wasser nach der Zahl
Der Heilbedürftigen, die da sind jedesmal.

Stets minder Pilger sind's, die das Gebirg erstiegen;
Und wenn einst keiner kommt, so wird der Quell versiegen.

45.

Nordöstlich im Gebirg liegt eine feste Stadt,
Worin ein eignes Volk sich angesiedelt hat.

Die glauben, daß ein Heil zukünftig sei den Frommen,
Und hoffen jeden Tag, der Heiland werde kommen.

Beim ersten Morgenstrahl besteigen sie das Roß,
In vollem Waffenschmuck, und reiten aus dem Schloß.

Entgegen reiten sie dem kommenden mit Prangen,
Als ob sie seines Nahns Eilboten schon empfangen,

Als ob auf heute sei die Ankunft angesagt.
Und wenn nun, ohne daß er kommt, die Sonne tagt,

So reiten sie zurück, mit Trauer in den Mienen,
Und Klag im Mund: Er ist heut wieder nicht erschienen.

46.

Den Meister sah ich nachts, von einer Kerze Schimmer
Hell angeleuchtet, gehn gedankentief durchs Zimmer.

Den Boden schien er mit der Sohle nicht zu rühren,
Gespräche leise, die ich nicht vernahm, zu führen.

Aufschlug er dann den Blick, und, als er stehn mich sah,
Sprach er: Bist du da? und ich sagte: Meister, ja.

»Wie lange?« Lange schon. Dann sprach er weiter nichts;
Ich aber bat: O gib mir einen Strahl des Lichts!

Er sprach: Ich war bei Gott, er hat mich eingeladen,
Zu wählen eine mir von seinen Wundergnaden;

Zu schweben in der Luft, zu wandeln auf dem Meer,
Zu sehn Unsichtbares, und.solcher Gnaden mehr.

Ich aber wählte mir von allem diesen nichts
Und war zufrieden mit dem Glanz des Angesichts.

Der Meister schwieg; ich sprach: Warum nicht wähltest du,
Ihn zu erkennen selbst? Da rief er laut mir zu:

Schweig! Ihn erkennen dürft ich wollen? Nein, nein, nein!
Ich will nicht, daß Ihn wer erkenn als Er allein.

47.

Wer ist ganz ein Tyrann? Nicht, wer hat unterjocht
Ein freies Volk mit Macht; er tat, was er vermocht.

Nicht, wer sich selber sagt: Weil es die Freiheit liebt,
Muß es mich hassen; doch ihm nicht die Freiheit gibt;

Er hofft, daß ein Verein von Streng und Mild erringe
Das Ziel zuletzt, daß aus Gewohnheit Lieb entspringe.

Wer aber, wenn sich ihm der Nacken sklavisch beugt,
Und Unterwürfigkeit ihm Hand und Mut bezeugt,

Zu sagen wagt: Ich weiß, daß euch die Liebe fehle
Zu mir, und diese Liebe ist es, die ich euch befehle;

Der ist ganz ein Tyrann, der nicht Gehorsam still
Sich läßt genügen, und befehlen Liebe will.

48.

Den Rosenzweig benagt ein Lämmchen auf der Weiden
Es tut's nur sich zur Luft, es tut's nicht ihm zuleide.

Dafür hat Rosendorn dem Lämmchen abgezwackt
Ein Flöckchen Wolle nur, es ward davon nicht nackt.

Das Flöckchen hielt der Dorn in scharfen Fingern fest.
Da kam die Nachtigall und wollte baun ihr Nest.

Sie sprach: Tu auf die Hand und gib das Flöckchen mir,
Und ist mein Nest gebaut, fing ich zum Danke dir.

Er gab, sie nahm und baut, und als sie nun gesungen,
Da ist am Rosendorn vor Lust die Ros entsprungen.

49.

Ein rechter Lehrer ist, wer pilgernd alle Stätten
Von Gangas Quellenmund hat bis ans Meer betreten;

An jedem heil'gen Strom, der in die Ganga mündet,
Hat im Gebet gekniet und sich im Bad entsündet;

Und dann zur Einsamkeit den Duft zurückgebracht
Von Gottes Gnadenfüll und seiner Schöpfung Pracht.

Und in der Einsamkeit das helle Bild entfaltet,
Von Gottes Herrlichkeit, die durch die Schöpfung waltet.

Auf seines Mundes Wort mag wohl ein Schüler lauschen,
Vereinigt hört er dort die heil'gen Ströme rauschen.

50.

Der Menschheit Größtes möcht ich euch im Spiegel zeigen,
Und ihr Geringstes auch im Bilde nicht verschweigen.

Denn manche werden durch des Großen Vorbild frei,
Und manche trösten sich, daß schön auch kleines sei.

51.

Ein Bruchstück, welches auf sein Ganzes sich besinnt,
Ergänzung immer sucht, und nimmer sie gewinnt;

So findet sich der Mensch, wie er wird sein bewußt;
Und an den Menschen knüpft den Menschen diese Lust.

Ein Ganzes werden nie Bruchstücke groß und klein;
Ergänzung findet doch die Welt in Gott allein.

52.

Oft dient ein Irrtum nur den andern wegzuräumen;
Wir sehn der Wahrheit Spur, wo mag sie selber säumen?

Ein neues Vorurteil muß uns von alten heilen;
Wer aber macht uns heil von neuen Vorurteilen?

53.

Ein Doppelbündelein hat jedermann empfangen,
Das er halb vorn herab und halb läßt hinten hangen.

Die Fehler trägt er vorn, die seinen Nächsten schmücken,
Doch seine eigenen sind schwer auf seinem Rücken.

So sieht er immer die der andern, seine nie;
Allein es gleicht sich aus: Die andern sehen sie.

54.

Was unterscheidet Kunst von Wissenschaft? Das Können;
Dem muß den Vorrang doch das stolze Wissen gönnen.

Wohl weiß die Wissenschaft, wie etwas sollte sein,
Doch machen kann sie's nicht, das kannst du, Kunst, allein.

55.

Wag es, wenn du's vermagst, von beiden Lebenssphären
Die hier für Schein, die dort für Wahrheit zu erklären!

Und sieh die Wirklichkeit für einen Schatten an,
Der dort vom fernen Licht sich streckt zu dir heran!

Dagegen laß nur auch dem andern seinen Glauben,
Der diese Wirklichkeit sich nicht will lassen rauben,

Und selbst das Ewige für einen Schatten hält,
Der von dem Sinnlichen hinaus ins Leere fällt.

Du kannst den Schatten hier nicht leugnen, der dich neckt,
Und er dort jenen nicht, der ihm ein Grauen weckt.

Ihr teilet beide gleich die Welt in Licht und Schatten
Und tauscht die Namen nur, wer will's euch nicht gestatten?

56.

Der Mond rollt um die Erd, und um die Sonne sie,
Und die um höhere Sonn, und um noch höhere die!

Und immer weiter so, und immer weiter nur;
In der Unendlichkeit verliert der Geist die Spur.

Unendlich sei die Kraft, unendlich sei das Leben,
Doch nicht unendlich sei der Raum deswegen eben.

Was wär Unendlichkeit die äußerliche so?
Der innerlichen nur des Geistes bin ich froh.

Jenseit der Körperwelt muß eine Lichtwelt stehn,
Aus der sie niedersank, in die sie auf will gehn.

Die Sonnen leuchten nicht von ihrem eignen Lichte,
Sie leuchten von dem Licht auf Gottes Angesichte.

Licht ist das geist'ge Kleid, das diese Welt umstießt,
Das sich an jedes Glied des großen Leibes schließt.

Dies geistige Netz, gewebt aus Gottes Liebesblicken,
Will immer brünstiger die Körperwelt umstricken,

Und jedes Glied schließt an ein höheres sich an,
Durch dessen Zug es will gezogen sein hinan,

Zu Sonnen werden, die sich stark im Licht verklären,
Von deren Ausfluß dann die schwächeren sich nähren.

Doch wie sie nach dem Saum des Lichtes ewig greifen,
Zu Sonnen werden auch die letzten endlich reifen.

Und was auf ihnen ist, reift durch der Sonnen Kraft,
Die Welt wird durch und durch mehr und mehr sonnenhaft.

O Geist, mit diesem Tau mußt du dich auch befeuchten,
Wenn du in diesem Bau mit willst als Sonne leuchten.

57.

Das Ding ist außer dir, weil du von dir es trennst,
Doch ist es auch in dir, weil du's in dir erkennst.

Gedoppelt also ist das Ding und zwiegespaltig,
Im Widerspruch mit sich erscheint es dir zwiespaltig.

Doch durch den Widerspruch hebt es sich aus mitnichten;
Es fordert dich nur auf, den Widerspruch zu schlichten.

Du magst das innre Ding ein Bild des äußern nennen,
Oder das äußre für das innre Bild erkennen,

Ein Spiegel bist du nicht allein der Welt, sie ist
Ein Spiegel auch, darin du selbst dich schauend bist.

58.

Dort, wo das Wissen mit dem Sein zusammenfällt,
In dem Bewußtsein, ist der Mittelpunkt der Welt.

Nur im Bewußtsein, was du findest, ist gesunden,
Wo sich ein Äußeres dem Inneren verbunden.

Nur im Bewußtsein, wenn dir Gott ist aufgegangen,
Hast du ihn wirklich, und gestillt ist dein Verlangen.

Du hast ihn nicht gedacht, er ward dir nicht gegeben,
Er lebt in dir und macht dich und die Welt dir leben.

59.

Ich seh auf dieser Stuf', auf der ich bin gestellt,
Nichts, wenn mein Blick sich hebt, viel, wenn er abwärts fällt.

Tief seh ich unter mir und tiefer stets hinunter,
Ein reges Lebensheer, ein Wimmeln ewig munter.

Doch wenn ich blick empor, so seh ich nichts als Licht;
Reicht, die hinunter reicht, die Leiter aufwärts nicht?

Wohl reicht sie auch hinauf, wohl werden zwischen mir
Viel höhre Wesen stehn und, Höchstes, zwischen dir.

Allein ich seh sie nicht, von deinem Licht geblendet,
Das seine Kraft mir nur zum Niederblicken sendet.

In tausend Bildern seh ich hier dein Bild gewoben,
Das tröstet mich, daß ich dich selbst nicht sehn kann droben.

60.

Die Abendröte kam und sah zum Tod ermattet
Das Leben, Schlummer half, und sanft ward es bestattet.

Die Nacht im Trauerflor, die dunkle Klagefrau,
Ging hinterdrein und weint aus Sternen kalten Tau.

Doch Morgenröte kam heran mit glüh'nden Wangen,
Und rief: Wo ist mein Kind? Ich glüh, es zu umfangen.

Gestorben! rief die Nacht mit letztem Tränenguß.
Da weckt es rasch vom Schlaf der Morgenröte Kuß.

Die holde Mutter sprach: O dürft ich bei dir bleiben!
Doch schon die Sonne flammt, von dir mich zu vertreiben.

Leb wohl! Auch diesen Tag und jeden mußt du sterben,
Doch neues Leben stets von meinem Hauch erwerben.

61.

Du sagst: »die Tugend darbt, indem das Laster prasset.«
Hast du der Tugend Wert so niedrig aufgefasset?

Ist Überfluß ihr Lohn? Der Lohn ist überflüssig.
Die Tugend aber darbt mit Recht, wenn sie ist müßig.

Den Lohn der Arbeit, Brot, verdient der Bösewicht,
Wenn er die Meerflut pflügt, wenn er das Feld umbricht.

Willst du ihn, frommer Mann, verdienen, reg dich frisch!
Wo nicht, so nimm fürlieb mit Duft vom Göttertisch.

62.

Das Mittelmäßige nur ist des Guten Feind,
Das Schlechte nicht, weil Schlecht und Gut sich nie vereint.

Das Schlechte läßt sich nie dem Guten ähnlich drechseln,
Sie sehn sich gar nicht gleich und sind nicht zu verwechseln.

Das Mittelmäßige dagegen, weil es zwischen
Gutem und Schlechten liegt, droht beides zu vermischen.

63.

O Seele, glaub es nicht, was jene Denker sagen,
Beim Denken müsse man sich des Gefühls entschlagen.

Gefühl ein Hindernis sei auf des Denkers Spur,
Und selbst das Schöne steh im Licht dem Wahren nur.

Streng sei vom reinen Tun des Geistes auszuschließen
Der Sinn; als ob so Sinn und Geist sich trennen ließen!

Ich weiß nicht, was sie so rein denkend vorgebracht.
Ich aber habe stets gefühlt, was ich gedacht.

64.

Ein Reich des Friedens ist, der Unschuld einst gewesen,
Und wieder wird vom Weh die Menschheit einst genesen.

Fern in der Zukunft steht und in Vergangenheit
Das Heil und tröstet uns im Unheil dieser Zeit.

Gewiß, es war einmal und wird auch einmal werden,
Nur fragen läßt sich, ob im Himmel, ob auf Erden?

Dort g'nügt es selber mir zu meinem eignen Frommen,
Allein ich wünscht es hier für die, so nach mir kommen.

65.

Sind wir zum Lebensmahl berufen, um zu fasten?
O nein! Da wäre schlimm bei unserm Wirte gasten.

Zum Fasten lud uns nicht der Herr zu seinem Feste,
Er freut sich, daß des Mahls sich freuen seine Gäste.

Fürlieb nur nehmen sollt ihr, nicht euch übernehmen,
Verträglich jeder auch dem Nachbar sich bequemen,

Mit sinnigem Gespräch des Wirtes Tafel würzen,
Und wenn ihr satt seid, euch zum Abzug dankbar schürzen.

66.

Wievieles Wasser fließt in einem Strom zusammen,
Und Holz wie vielerlei geht auf in gleichen Flammen!

Wer zählt die Geister, die in einem Geist verschwammen?
Das Riesenkindlein saugt sich groß an vielen Ammen.

Aus welchem Weltteil die und jene Blumen stammen,
In einem Garten stehn sie alle schön beisammen.

67.

Du klagest, daß die Welt so unvollkommen ist,
Und fragst, warum? Weil du so unvollkommen bist.

Wenn du vollkommen wärst, wär auch die Welt vollkommen,
Die Unvollkommenheit wär ihr von dir genommen,

Sie will Vollkommenheit nur mit dir selbst empfahn,
Und du bist noch so weit zurück auf dieser Bahn.

Dank ihr, daß sie mit dir will halten gleichen Schritt,
Und spute dich, daß sie auch vorwärts kommt damit!

68.

Daß heilige der Zweck die Mittel, wird bestritten,
Wir aber müssen nur Scheinheiligkeit verbitten.

Der gute Zweck macht gut die Mittel, recht verstanden,
Weil wir nie guten Zweck durch schlechte Mittel fanden.

69.

Das Gold der Menschheit wird beständig umgeprägt,
Fürst aber ist, wer Geld auf seinen Namen schlägt.

Im Reich des Geistes auch, nur daß er nicht so scharf,
Wie jeder weltliche, Falschmünzer strafen darf.

70.

Warum das große Ich der Menschheit sich gespalten
In viele kleine, die uns auseinanderhalten?

Daß auseinander sie uns halten, statt zusammen,
Ist Schuld der Einzelnen, die aus dem Einen stammen;

Daß sie in Einzelheit die Einheit nicht behüten,
Wie einen Blütenbaum ausmachen alle Blüten:

So sollten, ohne daß sie ineinander schwammen,
Die eine Glut beseelt, auch ineinander flammen;

Ein Baum der Weltvernunft, verzweigt in feine Ranken,
Sich denkend eines Geist's einträchtige Gedanken;

Wo jeder göttliche Gedanke wär ein Glanz
Für sich, doch erst ein Licht zusammen alle ganz.

Annäherung dazu ist jedes Geistes Macht,
Der alles denket nach, was andre vorgedacht,

Der selber denket vor, was nach ihm fort sich denkt,
In jede Denkform sich, und jed' in sich versenkt.

Vorahnend löst sein Geist der Geister Widerspruch,
Wie Frühling, Wald und Feld in einen Wohlgeruch.

71.

Trägt jeder doch genug! Soll er nun helfen tragen
Den andern auch, und sich mit ihrer Plage plagen?

Selbst hilfst du ihnen nicht, wenn du dich plagst mit ihnen,
Allein mit bessrer Hilf und leichtrer kannst du dienen:

Zeig ihnen an dir selbst, daß nichts die Plage sei,
Daß, wenn sie wollen, sie davon wie du sind frei.

72.

Sie sagen dir, nichts sei wie Eigenlob zu hassen:
Und sollst du loben, und von uns dich loben lassen;

Doch wenn du sie nun lobst, daß sie dich wieder loben,
Und sie dich preisen, um von dir zu sein erhoben;

Ist dieser Eigenruhm, weil er umständlicher
Geworden ist, darum ein minder schändlicher?

Ihr habet nur das Amt einander zugeschoben,
Einer den andern, statt jeder sich selbst, zu loben.

73.

Laß über dich ergehn, was du nicht kannst abhalten,
Des Zeitensturmes Wehn, der Schicksalsmächte Walten.

Sie haben dir herbei gewehet mancherlei,
Und wehen es hinweg, als ob nicht dein es sei.

Sie haben selber dich geblasen her, von wannen?
Und rasten nicht, bis sie dich hauchten auch von bannen.

Von deines Lebens Laub ist Blatt aus Blatt entzittert,
Und endlich ist der Stamm, der morsche, selbst zersplittert.

74.

Nicht darum sollst du dich verbunden halten, Kind,
Zu Handlungen, weil sie von Gott geboten sind.

Vielmehr als göttliches Gebot sei das empfanden
Von dir, wozu du dich fühlst innerlich verbunden.

Was ist der Unterschied? Dort mußt du andern glauben,
Hier glaube nur dir selbst, und nichts kann dich dir rauben.

75.

Tu recht und schreibe dir nicht als Verdienst es an,
Denn deine Schuldigkeit allein hast du getan.

Tu's gern! Und wenn dir das nicht zum Verdienst gereicht,
Gereicht dir's doch zur Lust, daß dir die Pflicht ward leicht.

76.

Mein wandelbares Ich, das ist und wird und war,
Ergreist im Dein'gen sich, das ist unwandelbar.

Denn du bist, der du warst, und bist, der sein wirst, du!
Es strömt aus deinem Sein mein Sein dem deinen zu.

Ich hätt in jeder Nacht mich, der ich war, verloren,
Und war an jedem Tag, als der nicht war, geboren,

Hätt ich mich nicht, der ich derselbe bin, begriffen,
Weil ich in dir, der ist, bin ewig inbegriffen.

77.

Gott, der Luft-, Wasser-, Erd- und Feuergeister schuf,
Gab jedem eignen Sinn und eigenen Beruf.

Den Menschen schuf er nicht aus Fluten noch aus Flammen,
Aus Lusthauch noch aus Staub, aus alle dem zusammen.

Du kannst bald diesem Geist, und jenem bald verfallen,
Doch aller Einheit sollst du sein, nicht eins von allen.

78.

Du bist nur halb, o Mensch, wie dich hervorgebracht
Hat die Natur, und halb, wie du dich selbst gemacht.

Sie hat den festen Grund gelegt, an den du rühren
Nicht darfst, dir aber bleibt der Bau drauf auszuführen.

Bei jenem kannst du nichts, hei diesem alles tun,
Und dieses ist genug, um träge nie zu ruhn.

Nie ruhe, bis du gut das, was du schlecht gemacht
An dir, und was du falsch gemacht, hast recht gemacht.

Dazu ist's nie zu früh, dazu ist's nie zu spät;
Denn stets im Werden, bist du nie geworden stet.

79.

Oft hab ich umgestimmt die Saiten meines Pfalters
Im Wechsel meiner Zeit und meines Lebensalters.

Nun tönen sie voll Ernst, und wer da will, entscheid es,
Ob Alter oder Zeit dran schuld sei, oder beides.

Die Zeit ist ernst sogar der jugendlichen Schar,
Wie mehr noch einem, dem mit ihr gebleicht das Haar.

80.

Wer Anmut, Freundlichkeit, Gefälligkeit und Milde
Nicht braucht in seinem Haus, doch draußen führt im Schilde,

Mit diesen Tugenden ist er nicht reich bedacht,
Weil er zum Feierkleid und Festtagschmuck sie macht.

Er sucht nur vor der Welt mit seinem Flitterputze
Zu glänzen, und daheim geht er in seinem Schmutze.

81.

Die Seele vom Genuß, o Freund, ist dessen Kürze;
Die Furcht des Todes ist des Lebens scharfe Würze.

Ein Tor klagt überm Schmaus, daß er zu früh sei aus;
Ein Weiser ißt sich satt und geht vergnügt nach Haus.

82.

Die Welt versprach dir nichts, mach ihr's nicht zum
       Verbrechen,
Du mußt dir selber nicht zuviel von ihr versprechen.

Warum belügst du dich, sie habe dich belogen?
An ihr betrogst du dich, sie hat dich nicht betrogen.

83.

Du ruhest weichgepfühlt am Ufer strombespült,
Dich schläfert ein die Flut, die leis dich unterwühlt.

Dich schaukelt Sommerlust, umgaukelt Blütenduft,
Und losgerissen trägt dein Bette dich zur Gruft.

Sollt ich erwecken dich, um zu erschrecken dich?
Schwimm hin, und sanft im Traum die Flut soll decken dich.

84.

Lern ohne Klagen, Herz, ein brennend Weh ertragen;
Der Kerze brennt der Kopf, doch hörst du nicht sie klagen.

Aus reinem Stoff gemischt, still brennt sie, bis sie lischt;
Rein ist nicht Wachs und Docht, wenn sie im Brennen zischt.

85.

Der du erschufst die Welt, ohn ihrer zu bedürfen,
Erschaffen hast du sie nach deiner Lieb Entwürfen,

Nach deiner Weisheit Plan, dem Zwecke deiner Macht,
Und kein Nachdenken denkt, was du hast vorgedacht.

Vorbringen kann kein Wort, was deins hervorgebracht.
Doch hast du die Vernunft geschaffen, dich zu denken,

Den Geist, nach dir den Flug, Unsichtbarer, zu lenken,
Der Sehnsucht Ström, o Meer, in dich sich zu versenken:

Den wir am Anfang, den wir sehn am Ende stehn,
Von dem wir kommen und zu dem wir alle gehn.

Woher ich kam, wohin ich gehe, weiß ich nicht,
Nur dies, von Gott zu Gott ist meine Zuversicht.

86.

Zur Unvergänglichkeit fühlt sich der Mensch berufen,
Und so vergänglich doch ist alles, was wir schufen;

Und alles, was wir sind, ist ebenso vergänglich,
Doch in uns das Gefühl des Ew'gen unverfänglich.

Was ich gestrebt, vollbracht, gefunden und gedacht,
So ewig wie ich selbst, ist es von Gott gemacht.

Mein Leben ist ein Schiff, den Strom hinab getrieben,
Dahinter keine Spur im Wasser ist geblieben.

Wer nach mir gleitet, weiß nicht, wer voran mir glitt;
Wer nach mir leidet, fühlt nicht, was ich vor ihm litt.

Wer nach mir streitet, ahnt nicht, daß ich vor ihm stritt;
Wer nach mir schreitet, fragt nicht, wer voran ihm schritt.

Wie seines Lebens Strauch erschüttert mancher Hauch,
Ist doch ihm unbewußt darunter meiner auch.

87.

Dir zeigt dies Sinnbild an den falschen Trost der Welt:
Ein Krokodil, das man für einen Nachen hält.

Im Strome schwimmt ein Mann, und fürchtet zu ertrinken,
Doch dem Versinken nah, sieht er die Rettung winken.

Er rudert angestrengt nach dem vermeinten Nachen,
Das Krokodil empfangt ihn dort mit offnem Rachen.

88.

Was ist der Weg, mein Sohn, an dem du noch nicht bist,
Der gleich dem vor'gen lang, und doch viel kürzer ist?

Das ist der Weg den Berg hinab, den ich nun schreite,
Viel langsamer kam ich herauf die andre Seite.

Dort war ich rüstiger, doch ward der Weg mir länger,
Hier wird er kürzer mir, dem doch schon müden Gänger.

89.

Rechne nicht auf die Welt und ihren Freudenzoll;
Sie gibt es tropfenweis und nimmt den Becher voll.

In Groschen streckt sie vor und will zum Zins den Taler,
Kein Stündchen Stundung auch gibt sie dem säum'gen Zahler.

90.

Das Unglück in der Welt such, als du kannst, zu lindern,
Soweit umher du reichst, zu mildern und zu mindern.
Warum? Schon weil es dich im eignen Glück wird hindern.

Doch reichest du nicht weit mit deinem schwachen Trost;
Vom Mund drei Spannen stirbt dein warmer Hauch im Frost;

Was bleibt dir da zum Trost, als daß, was Unglück scheint,
Von dem, der aller Glück will, anders ist gemeint;

Und wer die Gabe nur, wie sie gemeint ist, nimmt,
Den fördert sie dazu, wozu sie war bestimmt.

Nicht heben kann dein Blick den schwarzen Trauerschleier,
Darunter sähst du sonst das weiße Kleid der Feier.

91.

Was einmal ist geschehn, das laß aus sich beruhn,
Versäume nicht, auch das, was du noch kannst, zu tun.

Ergib dich nur in das, was du nicht ändern kannst,
So fühlst du, daß du gleich zu anderm Kraft gewannst.

92.

Wer viele Diener hat, hat viele zu bedienen;
Denn alle dienen ihn nur, weil er dienet ihnen.

Bedienen muß er sie mit Unterhalt und Lohn;
Hält das sie nicht im Dienst, so laufen sie davon.

Sie dienen mit dem Leib, ihr Geist ist sorgenfrei,
Sie lassen ihrem Herrn der Sorgen Sklaverei.

93.

Die Weisen lehren dich, so schwierig als Entsagung
Des Wünschenswerten sei des Widrigen Ertragung.

Ich aber darf es dir wohl im Vertrauen sagen:
In dem Sinn hab ich nie entsagt und nie ertragen.

Was ich gegeben hin, was ich auf mich genommen,
Ich kann nicht sagen, schwer sei es mir angekommen.

94.

Das Unkraut, ausgerauft, wächst eben immer wieder,
Und immer kämpfen mußt du neu das Böse nieder.

Wie du mußt jeden Tag neu waschen deine Glieder,
So die Gedanken auch an jedem Tage wieder.

95.

Ein Weiser, einst gefragt, wozu sei nutz das Leben
Auf Erden, sprach: Um sich zum Himmel zu erheben.

Zum Himmel wollen hier sich alle Lebenden
Erheben, alle wie verschieden strebenden.

Zum Himmel will der eine heben sich durch Ruhm,
Der andere durch Macht und höchstes Herrschertum;

Ein dritter durch Genuß der Güter dieser Erde,
Ein vierter durch die Flucht vor Mühsal und Beschwerde;

Ein andrer wiederum durch Duldmut und Ertragung
Und endlich einer durch Gebet und Weltentsagung

Der Weise sieht die buntgeteilten Lebenskreise
Und freut sich, daß so viel' mit ihm auf gleicher Reise

Verschiedne Wege gehn, er läßt sie gehn auf ihren
Und sorget, im Gedräng nicht seinen zu verlieren.

96.

Was ist des Geistes Leib? Der Körper ist es nicht,
Der aufgebaut aus Staub, in Staub zusammenbricht.

Das ist des Geistes Leib: Die Form, die er sich baut,
In der mit Geistesblick ein Geist den andern schaut.

Das ist der Leib, der jetzt die grobe Körperhülle
Durchschimmernd, wann sie fällt, vortritt in klarer Fülle.

In diesem Leib sehn wir uns dort, laßt uns vertraun:
Der Geist hat seinen Leib, um, selbst geschaut, zu schaun.

97.

Der Punkt ist eins für sich, zwei Punkte sind ein Strich,
Drei Striche Flächenraum, vier Flächen körperlich.

Sobald die Vierzahl ist, eins zwei drei vier vorhanden,
Ist aus dem Punkte, dem Nichts, die Körperwelt entstanden.

Und aus eins zwei drei vier muß alle Zahl bestehn,
Denn wer vier drei zwei eins zusammenzählt, hat zehn.

98.

Daß in denselben Fluß du kannst nicht zweimal steigen,
Weil jeden Augenblick ihm andre Flut ist eigen,

Und daß du selber auch, dir selber nicht getreuer,
Bist jeden Augenblick ein anderer und neuer;

Der Weise, der dies sprach, du meinest wohl, daß schwach
Er war und wandelbar, beweglich wie der Bach?

Vielmehr unwandelbar war er und blieb dabei,
Beharrlich, steif und stet, daß alles unstet sei.

Selbst unbeweglich, ließ er alles sich bewegen,
Und dachte nicht daran, sich selbst zu widerlegen.

99.

Wie unvollkommene Vorstellungen von Sphären
Des Himmels und der Welt kannst du im Geiste nähren,

Und doch vollkommen fest in deiner Sphäre sein;
So wenig fließet auf das Tun das Wissen ein.

100.

Mein Kind, o könnt ich dich, da du nun aus die Schwellen
Des Lebens eintrittst, gleich ans Ziel im Geiste stellen;

Damit du, was getan am Schluß einst deiner Bahn
Du möchtest, tätest jetzt, indem du sie trittst an.

Mein Kind, auf diesem Weg bin ich vor dir begangen;
Was hilft's, vor Dornen dich zu warnen und vor Schlangen?

Mein Kind, mit deinem Gang heb ich neu meine Schwingen;
Was selbst mir nicht gelang, das möge dir gelingen.

Was selbst ich nicht errang, das mögest du erringen;
Was unvollbracht ich ließ, Gott lass es dich vollbringen.

Mein Kind, ich zittre beim Gedanken schon, daß fallen
Du könntest, und allein muß ich dich lassen wallen;

Allein, in Gottes Hut, allein mit deinem Mut;
Schreit und bedenk, daß man zurück den Schritt nie tut.

101.

So mancher klagt und sagt, daß ihn die Welt verkennt;
Doch kann er sagen wohl, daß er sich selber kennt?

Kennst du dich nicht, woran erkennst du mein Verkennen?
Wer nicht verkannt will sein, muß erst sich selbst erkennen.

102.

Ein gutes Werkzeug braucht zur Arbeit ein Arbeiter,
Und gute Waffen auch zum Waffenstreit ein Streiter.

Du Streiter Gottes und Arbeiter, merk's, o Geist,
Daß deines eignen Leibs du nicht unachtsam seist.

Das ist dein Arbeitszeug, das ist dein Streitgewaffen;
Das halte wohl in Stand, zu streiten und zu schaffen!

O wie du dich betörst, wenn du den Leib zerstörst,
Der dir so angehört, wie du Gott angehörst.

Wie du Gott angehörst, gehört dein Leib dir an,
Und ohne deinen Leib bist du kein Gottesmann.

103.

Sei mäßig im Genuß, nicht bloß gewürzter Speisen,
Geistiger Würzen auch in Büchern deiner Weisen.

Mit Speisen wirst du nur den Magen überladen,
Doch fremdes Denken kann dem eignen Denken schaden.

Drum wie du issest nur soviel du kannst verdauen,
So lies auch mehr nicht, als du brauchst dich zu erbauen.

104.

Und lockt wieder dich das Gaukelspiel der Welt,
Was sie dir vorhält stets, und stets dir vorenthält!

O nimm in deine Brust nicht diesen harten Stein;
Zwei Herzen können nicht in einem Busen sein.

Er drückt das Herz dir ab, das sich daran will laben;
O habe du das Herz, dein Herz für dich zu haben!

In dir bist du gesund, und fühlst in ihr dich krank;
Gib, was du hast, der Welt, und nimm nicht ihren Dank!

105.

Du bist beglückt, wenn dir gegeben ist, zusammen
Mit vielen wirkend, dich mit ihnen zu entflammen.

Doch wenn du stehst allein, so laß dich's nicht verdrießen,
Statt Menschen mußt du nur der Menschheit dich erschließen.

Aus jeder Raumesweit, aus allen Zeitenfernen,
Grüßt den der Menschheit Geist, der von ihm weiß zu lernen.

Gedanken steigen aus vermorschter Büchergruft
Und andre schwinden in der Luft wie Blütenduft.

Noch kein gedachter je ging Denkenden verloren,
Und ungeahnet wird kein neuer auch geboren.

Drum trösten magst du dich, wenn aufging dir ein Licht,
Teilst du's auch keinem mit, der Welt entgeht es nicht.

Sie streiten, wer zuerst dies habe vorgebracht;
Der Geist der Menschheit hat's gemeinschaftlich erdacht.

106.

Nie stille steht die Zeit, der Augenblick entschwebt,
Und den du nicht benutzt, den hast du nicht gelebt.

Und du auch stehst nie still, der gleiche bist du nimmer,
Und wer nicht besser wird, ist schon geworden schlimmer.

Wer einen Tag der Welt nicht nutzt, hat ihr geschadet,
Weil er versäumt, wozu ihn Gott mit Kraft begnadet.

107.

Gar manche Schale muß von deinem Ich sich lösen,
Zufällig Irdisches und mancher Rost des Bösen.

Doch während immerdar dein Ich sich also reinigt,
Wird immer mehr mit ihm des Neuen auch vereinigt.

Du strebest Tag für Tag durch Lernen wie durch Lehren,
Durch Denken wie durch Tun, den Kern des Ichs zu mehren.

Der Edelstein bedarf viel Mittel, sich zu schleifen;
Viel Nahrungsmittel braucht der Samen, um zu reifen.

Wer kann zuletzt mit Lust im fert'gen Ich beruhn?
Wer nichts hinzutut, was er wieder weg muß tun.

108.

Es gibt noch Glückliche, wenn du auch keiner bist;
Die Freud ist auf der Welt, wenn sie auch dein nicht ist.

Doch diese Freud ist dein, daß viele freun sich können,
Und diese Freud allein wird niemand dir mißgönnen.

109.

Was du erlangen kannst, das stillt nicht dein Verlangen;
Was dein Verlangen stillt, das kannst du nicht erlangen.

Viel niedre Güter hat dein Hochsinn aufgegeben,
Aufgeben aber kannst du nicht dein höchstes Streben.

Vertrau! Umsonst ist nicht in dich gelegt der Trieb;
Erschließen wird sich dort, was hier verschlossen blieb.

Dann wirst du sehen, wann du schaust, was du geahnt;
Dies Ahnen hat den Weg zu jenem Schaun gebahnt.

110.

Die Schlange fühlte lang ein innerliches Quälen,
Daß ihre alte Haut nicht ab sich wollte schälen.

Sie wußte keinen Rat, noch Mittel zu ergreifen,
Die unbequeme Hüll auf einmal abzustreifen.

So ratlos wie sie ging, unachtsam fiel die Schlange
In eine Schling am Weg, gestellt zu ihrem Fange.

Geblieben wäre sie sonst in der Schlinge hangen,
Nur durch den alten Balg ist sie der Schling entgangen.

Sie ließ den Schlauf darin und ist hindurch geschlüpft
Und hat die läst'ge Haut zugleich nun abgestrüpft.

So ist der innre Mensch durch den Verlust entronnen
Des äußeren und hat dadurch sich selbst gewonnen.

111.

Schön ist der Tropfen Tau am Halm, und nicht zu klein
Der großen Sonne selbst ein Spiegelglas zu sein.

Schön ist das Bächlein dann, das kaum zu küssen wagt
Die Blum', und murmellaut zu werden halb noch zagt.

Und schön ist auch der Strom, der sich mit Kraft ergießt,
Im Spiel der Woge sich mit Rauschen selbst genießt.

112.

Wenn Gott in dir nur ist, so wird in Höhn und Gründen
Der Schöpfung überall sein Wirken dir sich künden.

Dies ist, und dieses nur, die Hilfe der Natur:
Sie lehret dich nicht Gott, doch zeigt dir seine Spur.

Das wesentliche Licht muß in dir sein dein eigen,
Wenn sich sein Abglanz soll in tausend Spiegeln zeigen.

Der Schlüssel der Natur muß dir in Händen ruhn,
Um ihre ewigen Schatzkammern auszutun.

Wie aber ist nun Gott in dich hineingekommen?
Hast du ihn auf- und an-? hat er dich eingenommen?

Du hast ihn nicht erdacht, noch selbst hervorgebracht;
Schlief er vielleicht in dir und wäre nur erwacht?

Du bist die Wiege, die er selber sich erkoren;
Nicht du gebarest ihn, er hat sich dir geboren.

Er hat, um einzuziehen, die Pforten dir verliehn,
Und auch dazu die Macht, selbst auszuschließen ihn.

Er steht und klopfet an, und wenn du aufgetan,
So hast du auch dazu von ihm die Kraft empfahn.

113.

Du bist schon, weil ich bin; denn also fühl ich mich,
Daß ich durch mich nichts bin, und alles bin durch dich.

Der du zum lebenden Beweise dir mich schufest;
Dich zu beweisen, ist, wozu du mich berufest:

Dich zu beweisen durch mich selbst mir und der Welt,
Die den Beweis von dir nicht kennt, den sie enthält.

114.

Ein heller Morgen bringt dir einen guten Tag;
Was ist nun, das dir hell den Morgen machen mag?

Ein froher Abend wirkt wie Zauber durch die Nacht;
Und sei der Morgen trüb, doch bist du hell erwacht.

Was aber konnte dir den frohen Abend bringen?
Daß du am Tage sahst dein Treiben dir gelingen.

Aus hellen Morgen weist das wiederum zurück;
So aus sich selbst im Kreis entfaltet sich das Glück.

Laß es, einmal im Schwung, in Stocken nicht geraten!
Stets Samen trägt die Saat, und stets der Same Saaten.

115.

Den Forscher freut's daß er den Vorrat nie verliert,
Weil jeder Aufschluß ihm Aufgaben neu gebiert.

Hier von der Wurzel dort zum Apfel kamst du kaum;
Er hat ein Dutzend Kern', und jeder wird ein Baum.

116.

In Schulen plagte man uns mit der Steigerung
Von Möglich-, Wirklich- und Notwendigkeit genung.

Von Möglich ging man aus, zu Wirklich schritt man weiter,
Und legte endlich ans Notwendige die Leiter.

Gering sei Möglichkeit, und Wirklichkeit vornehmer,
Notwendigkeit noch mehr und desto unbequemer.

Doch Möglichkeit sei leicht, Notwendigkeit so schwer;
Ist Leichtes unten wohl, und Schweres obenher?

Drum kehren wir es um, das erste sei das dritte,
Doch zwischen beiden bleibt dem zweiten stets die Mitte.

Die Wirklichkeit, die sich nicht senken darf noch heben,
Bleibt zwischen Möglich- und Notwendigkeit im Schweben,

Notwendigkeit ist ganz notwendig Sklaverei,
Halbfrei ist Wirklichkeit, nur Möglichkeit ganz frei.

Notwendig ist der Grund, und Wirklich steht darauf,
Darüber aber nimmt das Mögliche den Lauf.

Laßt aus Notwendigkeit zur Wirklichkeit uns schreiten,
Aufschweben dann befreit ins Reich der Möglichkeiten.

117.

Wer sich in sich vertieft, kann nicht die Welt regieren;
Und wer sich hin ihr gibt, der wird sich selbst verlieren.

Dich hinzugeben ihr, und wieder dich zurück
Von ihr zu nehmen, das allein ist Lust und Glück.

Des Geistes Atem soll wie der des Mundes sein:
Du sendest warm ihn aus, und ziehest frisch ihn ein.

118.

Vermeiden sollen sich, die nicht zusammenpassen;
Wahl der Gesellschaft ist jedwedem freigelassen.

Zu wen'gen passen, ist ein nicht geringes Leiden,
Denn schwer ist, mit der Welt Berührung zu vermeiden.

Doch ganz unglücklich ist, wer allen Umgang haßt,
Und auf sich selbst beschränkt, auch zu sich selbst nicht paßt.

119.

Aufmerksamkeit, mein Sohn, ist, was ich dir empfehle:
Bei dem, wobei du bist, zu sein mit ganzer Seele.

Wenn du an andres denkst, als was dein Lehrer spricht,
So hörst du dies nur halb, und in dir haftet's nicht.

Du aber brauchst zum Glück an andres nicht zu denken,
Und kannst Aufmerksamkeit mir ungeteilte schenken.

Das ist der Vorzug, den der Knabe hat vorm Mann,
Der eignen Denkens sich nicht mehr entschlagen kann.

Er hat bei allem, was er hört, soviel zu denken,
Daß er kein voll Gehör kann dem Gehörten schenken.

120.

Wenn du im Glücke schwimmst, das Unglück nur vernimmst
Von außen, ist's nicht fein, daß du den Ton anstimmst

Von Glückes Nichtigkeit, Unglücks Unwichtigkeit;
Dein tatlos guter Rat ist ohne Richtigkeit.

Nur was du selbst vermagst zu fragen, zu entbehren,
Kannst du mit ein'gem Recht an andern auch begehren.

Und selber da mußt du den Schwachen Nachsicht gönnen,
Wenn sie, was leicht dir wird, so leicht nicht nehmen können.

121.

Was sucht der Geist? Das, was als Widerspruch betiteln
Die Sinne, suchet er ergänzend zu ermitteln.

Des Menschen Höchstes ist des streitenden Verbindung,
Mit der Erkenntnis Frucht die Blüte der Empfindung.

Als hohes Vorbild sei der Baum dir eingeprägt,
Der hier im Garten Frucht zugleich und Blüte trägt.

122.

Mit Einzelliebe wer beginnet zu verschwenden
Den Schatz des Herzens, wird mit Eigenliebe enden.

Alliebe sei es, die zuerst das Herz erfüllt.
Aus deren Zauberduft sich Einzellieb enthüllt.

Die Einzelliebe blüht und welkt, der Traum sinkt nieder,
Und wie am Anfang steht am End Alliebe wieder:

Alliebe zur Natur, zu jeder Kreatur,
Zu Gott, und in dir selbst zu jeder Gottesspur.

123.

Wenn dir die Lust noch nicht vergangen ist, den Herden
Der Weltberühmtheiten auch beigezählt zu werden,

Soll sie dir jetzt vergehn, wo zum berühmten Mann
Ein Mörder, frech im Tod wie Leben, werden kann,

Und eine Metze, weil sie seine Metze war,
Als eine Schönheit sich darstellt, einäugig zwar.

124.

Wenn du dein Leiden selbst in Tat verwandeln kannst,
Dann magst du rühmen dich, daß Freiheit du gewannst.

Gemütsbewegungen lös auf in dein Erkennen,
Dann tust du, leidest nicht und darfst so frei dich nennen.

125.

Den Menschen sollst du dich insoweit anbequemen,
Um jeden in der Art, wie er sich gibt, zu nehmen.

Nur selber jedes Art und Unart anzunehmen,
Insoweit sollst du dich den Menschen nicht bequemen.

126.

Warum vertragen sich verschiedene Menschen selten?
Weil jeder gelten will und keiner lassen gelten.

Und doch verschieden ist nur darum Mann und Mann,
Daß jeder, jedem unbeschadet, gelten kann.

In der Verschiedenheit der Stellung und der Meinung
Ist wohl der Spaltung Grund, doch der auch der Vereinung.

127.

Daß in der Einsamkeit dir nicht der Reiz gebräche
Der Unterhaltung, hälst du mit dir Selbstgespräche.

Du hast den Vorteil, dies Gespräch allein zu leiten,
Und lässest, was du gern nicht hörest, leicht beiseiten.

Einseitig ist darum doch nicht die Unterhaltung.
Es ist in dir ein Keim unendlicher Entfaltung.

Viel Unterredner sind in dir, du mußt nur jeden,
Von dem du lernen willst, nicht hindern auszureden.

128.

In Königshallen tritt man unbeschuhet ein,
Weil sie sind ausgelegt mit köstlichem Gestein.

O sieh, der Morgen hat mit tauigem Geschmeide
Belegt die Gottes Flur; komm und den Fuß entkleide!

Wer in des Maien Tau frühmorgens wandeln mag,
Fühlt sich von unten auf gestärkt den ganzen Tag.

Froh fühle, daß der Herr im Tau den Fuß dir wasche;
Setz ihn auf Sündenschmutz nie, noch auf Kummerasche!

129.

Komm her und laß uns in den heil'gen Fluten baden,
Die mit dem Silberblick zur Reinlichkeit uns laden.

Die Sonne breitet aus des Strahlenmantels Füllen,
Um in ein schönres Kleid als ird'sches dich zu hüllen.

Ein lindes Badetuch reicht dir die Morgenluft,
Das dich mit Wohlgeruch abtrocknet und mit Duft.

Das Wasser selber wallt ein Gürtel von Kristallen,
Der dir um die Gestalt sich schmiegt mit Wohlgefallen.

Und auf dem Grunde ruht, geschmeidigt von der Flut,
Die Erde, die dir weich Sandalendienste tut.

So tauche rein dich ein in jedes Element,
Und sei von dem, der ist in jedem, ungetrennt.

130.

Ich lehre dich, daß du auf keinen Lehrer bauest,
Auf eignen Füßen stehst, mit eignen Augen schauest.

Und wie du keinem traust, so traue mir auch nicht,
Und dieses sei der Lohn für meinen Unterricht.

131.

Mein Freund im fernen Gau! Wie oft noch denk ich nach
Dem Worte, das dein Mund einst unbesangen sprach:

Daß dir's unleidlich sei, im Leben wem zu nahn,
Ohn ihm zu geben Lieb und Liebe zu empfahn.

Sag, hast du warm bis jetzt den Anspruch fortgesetzt?
So hat die kalte Welt gewiß dich oft verletzt.

Doch glücklich, wenn dir ward zum Stachel dies Verletzen,
Herzhaft die Forderung des Herzens durchzusetzen.

Ja, Liebe läßt nicht ruhn, den so sie recht durchdrungen,
Bis er von allem, was kann lieben, Lieb errungen.

132.

Der über Ungemach du so dich darfst beklagen,
Mußt höhrer Würdigkeit Gefühl als ich wohl tragen.

Weit über mein Verdienst ist mir doch Heil beschieden,
Und schämen müßt ich mich, wollt ich nicht sein zufrieden.

133.

Wie augentröstlich auch und lieblich lenzverjünglich
Das Grün der Fluren sei, es ist doch nicht ursprünglich.

Das Grün ist, wie bekannt, gemischt aus Gelb und Blau;
Nun, welches Blau und Gelb mischt so das Grün der Au?

Der Sonne goldner schein, das Blau im Ätherraum;
Aus beiden ist gewebt des Frühlings grüner Traum.

Das Grün unzweifelhaft stammt nicht aus grünem Saft,
Denn nur durch Lust und Licht erlangt es solche Kraft.

Drum ist von Frühlingsgrün dein Auge so erquickt,
Weil's drin vereint die zwei unsichtbaren erblickt.

Heil ihm, wenn dankbar es den Erdentraum genießt,
Bis er in Sonnengold und Ätherblau zerfließt.

134.

Um Mittag, wenn mit Duft der Himmel sich umsäumt,
Und hinter weißem Flor die stille Sonne träumt,

Kein Hauch das welke Blatt im Waldgebirg erfrischt,
Wo nur die Grille schrillt, und nur die Schlange zischt;

Dann halten weißverhüllt die Geister ihre Runde,
Und alle Schätze tun sich auf im Erdengrunde.

Das sind die Geister und die Schätze, die der Macht
Der Sonne folgen, nicht dem Mond der Mitternacht.

Und wer ein Sonnenkind ist, rein von allem Bösen,
Der kann der Schätze Bann, das Band der Geister lösen.

135.

Mein Sohn, sieh an den Hirsch! Wie edel, schön und groß,
Und doch wie voller Furcht und alles Mutes bloß!

Die Waffe des Geweihes kann seine Furcht nicht mindern,
Die Zinken dienen nur, ihn auf der Flucht zu hindern.

Er kann auf seinen Feind nicht wenden ihre Schärfen,
Und dem Ausreißer gleich sie nicht einmal wegwerfen.

136.

Es streiten um die Welt das Wasser und das Feuer,
Welches von beiden soll führen der Schöpfung Steuer.

So schlicht ich ihren Streit: Der Schöpfer der Natur
Ist Wasser, Feuer sei der Schöpfer der Kultur.

137.

Laß dir in der Natur am Was, Wozu und Wie
Genügen! Das Warum begreifest du doch nie;

Was wirkt, und wie es wirkt, wozu du brauchen kannst
Die Wirkung, ohne daß du ihren Grund ersannst.

Führt sicher übers Meer zum Ziel doch der Magnet
Den, der nicht fragt warum, nur sieht, wie er sich dreht.

138.

Wie mitteilt ein Magnet die eigne Eigenschaft
Dem Eisen, ohne daß er selbst verliert an Kraft,

Weil, was er mitteilt, nicht ist seiner Kraft Bewegung;
Vielmehr die Richtung nur und gleicher Kraft Anregung;

Nicht, wie ein Feuchtes, wenn man drein ein Trocknes taucht,
Ein Teilchen Feuchte fühlt vom Trocknen aufgebraucht,

Und Warmes kälter wird, das Kaltes machet wärmer;
So wird ein Reicher, der den Armen reicht, wohl ärmer,

Doch ärmer werden soll kein Geist, wenn angehaucht:
Von ihm ein andrer auch nun brennet oder raucht:

Klagst du, daß etwas durch Mitteilung dir entgeht,
O schäme dich, du bist ein Schwamm und kein Magnet.

139.

Der König Löwe hält im Walde Mittagsruh,
Verdrießlich gehen ihm die Augen auf und zu.

Die Sorge kann er sich nicht aus dem Sinne schlagen;
Den Unmut minder noch verträumen als verjagen.

Da sieht er über sich im Baum ein Eichhorn hüpfen,
Behaglich durch's Gezweig und unermüdlich schlüpfen.

Er ruft hinauf: Warum trag ich des Tierreichs Krone!
Du sitzest, kleines Tier, dort auf der Freiheit Throne.

Wie kommt es, daß du hast ein Glück, das mir nicht ward?
Es rief hinab: Das kommt von unserer Lebensart.

Ihr esset Fleisch und Blut und habet schweren Mut,
Ich esse Knosp und Frucht und habe leichtes Blut.

Entbehrung ist Genuß, Genuß ist eine Bürde;
Herr König, unvereint ist leichter Sinn und Würde.

140.

Der Frosch im Laub versteht vom Wetter mehr als du,
Und gift'ge Kräuter kennt eh'r als der Arzt die Kuh.

In allem ist das Tier dem Menschen überlegen,
Was seiner Notdurft dient auf dunklen Lebenswegen.

Des Menschen Augen sind darum im einzlen blind,
Weil offen sie allein dem allgemeinen sind;

Weil, was die Tierheit spürt mit eigennütz'gem Triebe,
Die Menschheit forschet mit uneigennütz'ger Liebe.

Drum tut's ein dumpfer Sinn, verwandt mit tier'scher Zunft,
Im Irdischen zuvor der göttlichsten Vernunft,

Weil er nur seinem Zweck die Welt sucht zu bereiten,
Doch sie mit Liebe hegt Weltangelegenheiten.

141.

Wenn du erkennen willst den Ruhm in seiner Blöße,
Vergleich am Himmel ihn mit Sternen erster Größe.

Die letzter Größe, sind sie etwa minder groß?
Sie scheinen kleiner dir durch ihre Höhe bloß.

Drum lächle, rückt man dich zum letzten Range nieder;
Und rückt man dich empor zum ersten, lächle wieder.

142.

Was Wärme schnell annimmt, läßt schnell sie wieder fahren;
Was sie nimmt langsam an, wird lange sie bewahren.

Das gilt vom Menschensinn als wie von Holz und Stein;
Ein leicht erwärmter Freund wird leicht erkältet sein.

Was schiltst du ihn? Er ist ein guter Wärmeleiter;
Was er von dir empfing, gibt er an andre weiter.

143.

In einer Höhle hochgewölbt und tiefgegraben
Sind träge Wohner, die dort feste Sitze haben.

Wie angefesselt sind sie an dem Sitz von Stein,
Und sitzen auswärts nicht gewendet, sondern ein.

In ihrem Rücken ist von oben eine Kluft
Gesprengt, durch welche dringt des Himmels Licht und Luft.

Vor ihrem Angesicht der Höhle finstre Wand
Dient ihrem Augenmerk zum einz'gen Gegenstand.

Sie halfen zugewandt den Rücken jenem Licht,
Und nur aus diese Wand gewendet ihr Gesicht.

Was werden sie da sehn? Die Schatten, die entstehn
Der Dinge, die vorbei in ihrem Rücken gehn;

Die Schatten, welche wirft der Sonne Glanz vom Rücken,
Um auch mit einem Bild das dunkle Haus zu schmücken.

Die Leute drinnen sehn die Dinge nicht und halten
Das Schattenbild davon für wirkliche Gestalten.

Sie freuen mäßig sich am bunten Schattenspiel,
Und wissen doch davon den Grund nicht, noch das Ziel.

Nun aber ist ein Geist zu einem hergekommen,
Der hat die Fesseln ihm, die Trägheit abgenommen.

Geblieben sind geschnürt die andern unberührt.
Ihn aber hat der Geist befreit und entführt.

Sein Angesicht zum Licht wandt er mit schneller Wendung,
Da traf sein Angesicht vom Licht zuerst die Blendung.

Doch aufwärts zog er ihn die hehre schwere Kluft,
Und ihm entgegen kam zur Stärkung Himmelsluft.

Und als er draußen war, erstaunt er nicht geringe,
Daß er nun offenbar statt Schatten sah die Dinge.

Sein Auge war noch schwach für die Gewalt des Schönen,
Er mußte nach und nach sich an den Glanz gewöhnen.

Er sah der Sonne Bild zuerst im Spiegelteich;
Sie war noch nicht sie selbst, doch schon sich selber gleich.

Dann aber konnt er ihr ins Auge blicken frei,
Beseligt, daß ihr Blick in seinem Auge sei.

Nun aber durchs Geschick ist er zurückgekommen
Zur Höhl und hat den Sitz dort wieder eingenommen.

Dort sitzen noch, die sich am Schattenbild erbaun,
Denselben wollt er nun, was er geschaut, vertraun.

Viel Mühe gab er sich, in Bildern zu erklären,
Daß dies die Bilder nur, und nicht die Dinge wären.

Doch sie verstanden's nicht und glaubten's nicht und lachten
Und fuhren ruhig fort die Schatten zu betrachten.

144.

Sie narren dich herum, um dir in Rätselworten
Zu sagen, was du längst gehört an andern Orten.

Wo es verständlich klang, beachtetest du's nie,
Das Unverstandne nun nennst du Philosophie.

Der alte Meister sprach: Das sei nur ein Zeichen
Euch angeführt, wie weit des Menschen Kräfte reichen,

Und daß sein schwacher Witz sich lasse nicht verführen,
An unbegreifliche Geheimnisse zu rühren.

145.

Wie oft geschieht's, daß ich ein Dunkles mir erkläre
Durch etwas andres, das an sich noch dunkler wäre.

Doch weil der Forschung Blick ruht aus der dunklen Stelle,
Erscheint im Gegensatz ihm jede andre helle.

Gelang ich dorthin nun, so ist das Rätsel dort,
Das Unerklärliche rückt mit der Forschung fort.

Und unversehns mach ich dies neue Dunkel klar
Durch jenes alte, das erst zu erklären war.

Es scheint, kein Ausgang ist aus diesem Zauberkreise,
Sobald der Geist sich will einlassen auf Beweise.

146.

Von Zeit und Raum ist viel zu hören und zu lesen.
Als seien beide gleich und stets zugleich gewesen.

Doch eher ist die Zeit gewesen als der Raum,
Wie Wachstum eher war als der gewachsne Baum.

Entstanden war die Zeit sobald als Geister dachten,
Der Raum erst, als sich breit darinnen Körper machten.

Und mit den Körpern wird der Raum zusammenfallen,
Doch mit den Geistern erst die Zeit in Gott entwallen.

147.

Der Meister, als er war gestorben, ist erschienen
Dem Jünger in der Nacht mit sonnenhellen Mienen.

Meister, wie strahlest du! Von wannen ist dein Licht?
Er sprach: von wannen als von Gottes Angesicht! –

Und hast du und wodurch den Zutritt dort erlangt?
Er sprach: Dadurch weil ich nach andrem nicht verlangt.

Ich ward von Glanz zu Glanz die Himmel durchgeführt,
Vorüber aber ging ich allem ungerührt.

Ich ward gefragt: Was hat vor allem dir gefallen?
Ich aber sagte: Nichts gefällt mir von dem allen.

Da rief der Herr: So führt ihn nur zu mir herein;
Er sei bei mir, weil er will nirgend anders sein.

Und hätte draußen dir gnügt ein ander Licht,
So hätt ich dir's verliehn, und zu mir kamst du nicht.

148.

Der Zweifel, ob der Mensch das Höchste deuten kann,
Verschwindet, wenn du recht dein Denken siehest an.

Wer denkt in deinem Geist? Der höchste Geist allein.
Wer zweifelt, ob er selbst sich denkbar möchte sein?

In den Gedanken mußt du die Gedanken senken:
Nur weil Gott in dir denkt, vermagst du Gott zu denken.

149.

Der große Astronom sprach: Alle Himmelsflur
Hab ich durchforscht und nicht entdeckt von Gott die Spur.

Hat er nicht recht gesagt? Bei Mond- und Sonnenflecken,
Im Sternennebel dort, ist Gott nicht zu entdecken.

Des Sehrohrs Scharfblick sieht den Unsichtbaren nicht,
Den nicht berechnen kann Zahl, Größe, Maß, Gewicht.

Wer Gott will finden dort, der muß ihn mit sich bringen;
Nur wenn er ist in dir, siehst du ihn in den Dingen.

150.

Was nennst du groß und klein? Du nennest größer, was
Ist über, kleiner wohl, was unter deinem Maß.

Selbst gegen Kleineres kommst du dir größer vor,
Und gegen Großes klein, so schwankest du, o Rohr.

Bist du das Maß der Welt? Hast du an dir das Maß?
Sprich, ist an deinem Leib, in deinem Geiste das?

Nicht klein nenn' oder groß, was groß ist oder klein
Nach deinem Leibe bloß, nach deinem Sinn allein.

Groß ist kein Sonnenball, und klein kein Sonnenstäubchen;
Groß ist der Schöpfung Baum, und klein darin kein
      Läubchen.

Nur der Gedank ist groß, daß nichts so groß, so klein,
Als der Gedanke ist, der alles ist allein.

151.

Was ist der kleine Mensch in der Unendlichkeit!
So eng ist sein Begriff, ihr Umfang ist so weit.

Mit Schrecken siehst du dich in einen Kreis gestellt,
Der rücksichtslos auf dich, den ew'gen Umschwung hält.

Ein Kreis, des Mittelpunkt, wenn er ist irgendwo,
Nur überall ist, und sein Umkreis nirgendwo.

Wenn dieser Mittelpunkt denn allerorten ist,
So ist er ja, o Mensch, am Ort auch wo du bist.

Du stellest kühn dich hin als Mittelpunkt der Welt,
Und siehst, wie sie um dich den ew'gen Umschwung hält.

So klar ist ihr Gesetz, daß du's erkennen kannst,
Und durch die Einsicht selbst am Weltplan Teil gewannst.

Wie du es siehst durchs Rohr, so kreist der Sphären Chor,
Als zeichnetest du selbst ihm seine Tänze vor.

Nur kannst du das Gesetz nicht ändern zum Vergnügen,
Mußt ins gegebene, erkannte schön dich fügen.

O Mensch, dir ist dein Los, dich in Selbständigkeit
Zu fügen frei und groß der Weltnotwendigkeit.

152.

Dich irret in der Welt die Vielgestaltigkeit,
Einfält'ger, dir mißfällt die Mannigfaltigkeit:

Daß nicht an jedem Ort gilt, was an einem gilt,
Und daß die eine Zeit lobt, was die andre schilt;

So ist es, wie der Spruch des Meisters ausgesprochen:
Es wird hier Widerspruch von Widerspruch gebrochen.

Dich aber möcht ich nicht zum Gärtner meinem Garten,
Da du nicht zugestehst den Blumen ihre Arten.

Doch stellte gar dich Gott in seinem Garten an,
Wie würde nicht zum Spott sein Plan vor deinem Plan!

Wie würde nicht genutzt die Scher, und weggeputzt
Unnützer Putz, und fein gleichförmig zugestutzt;

In Unergötzlichkeit würd alles eingeschnürt,
Soweit Gesetzlichkeit du hättest eingeführt.

153.

Wer Gott nicht fühlt in sich und allen Lebenskreisen,
Dem werdet ihr ihn nicht beweisen mit Beweisen.

Wer überall ihn sieht, was wollt ihr dem ihn zeigen?
Drum wollt mit euren Gottbeweisen endlich schweigen!

Wollt ihr mir auch vielleicht beweisen, daß ich bin?
Ich glaubt es schwerlich euch, glaubt ich's nicht meinem Sinn.

154.

Die Wahrheit ist durchaus ein mittleres Gebiet,
Das nicht nach hier und dort unendlich hin sich zieht.

Ihr nachgehn kannst du meist gar wenig Schritte nur,
Und ausgehn siehst du schon in Irrtum ihre Spur.

Wahrheiten hängen nicht zusammen wie Korallen,
Die man kann an der Schnur herzählen nach Gefallen.

Oft ist das Wahre gar vom Falschen nicht zu scheiden,
Wie Fäden eines Zeugs, halb wollen und halb seiden.

Von Wahrheit einen Kern schließt jeder Irrtum ein,
Und jede Wahrheit kann des Irrtums Same sein.

Vor allem hüte dich vor strengen Folgerungen,
Denn folgerichtig ist meist Närrischstes entsprungen.

Wahrheit, die du zu weit verfolgen willst und jagen,
Ist, eh du dich's versiehst, in Irrtum umgeschlagen.

Viel lieber mag, anstatt die Jagd zu übertreiben,
Ein ungewisses Wild im Grenzwald überbleiben.

Der Schütze läßt, was flieht, fliehn an der Grenz, und zieht
Mit seiner Beute sich zurück aus sein Gebiet.

155.

Bedenke, wenn der Stolz des Denkens dich betört,
Welch eine Kleinigkeit dein Denken, Denker, stört.

Ein bißchen Weh im Kopf, ein bißchen Weh im Magen,
Im Fuß, der doch nichts scheint zum Denken beizutragen.

Nicht irren kann dich nur der Feldschlacht heit'res Klirren,
Verwirren kann dich schon der Mücke leis'res Schwirren.

Und hättest du wie Gott nun eine Welt gedacht,
So hätte sie, o Spott, ein Mücklein umgebracht.

Drum ist es gut, daß du nur denkest schon Gedachtes,
Und im Gedanken nur nachmachst von Gott Gemachtes.

156.

Der Ähnlichkeiten Spur zu folgen hast du Freiheit,
Verwechseln darfst du nur sie nicht mit Einerleiheit,

Das Ding, das du begreifst, ist freilich im Begriff,
Doch der Begriff ist nicht des Dinges Inbegriff,

Wer sieht nicht, daß sein Bild im Spiegel ähnlich sei
Ihm selber? Doch ist es mit ihm drum einerlei?

Ob ich der Spiegel sei der Welt, ob sie der meine,
Wir bleiben immer Zwei, worin sich zeigt das Eine.

157.

Gesetze der Natur willst du, o Mensch, entdecken;
Du solltest dir das Ziel etwas bestimmter stecken.

Nicht das, wie sich verhält an und für sich die Welt,
Entdecken sollst du, wie sie sich zu dir verhält.

Wozu Gott immer sonst die Dinge mögen dienen,
Du weißt nicht, was sie sind, nur was du hast an ihnen.

158.

So sprach zum Könige, der mit den Leuten grollte,
Die sich nicht besserten, und sich nicht bessern wollte,

Sein Narr Geheimerat, als ihn der König fragte,
Woher der Unmut sei, der ihn heut sichtlich plagte?

Er sprach: Daher ist er, daß ich der Magd mit Aschen
Und Wasser heut befahl die Treppe rein zu waschen.

Da wusch sie ungeschickt von unten statt von oben,
Und schelten mußt ich sie, wo ich sie wollte loben.

Denn von der obern floß zur untern Stufe nieder
Der Unrat, und beschmutzt ward das Gewaschne wieder.

Ich hab es ihr gesagt: Umsonst ist, was du putzest,
Wenn mit dem Obern du das Untre stets beschmutzest.

Ich sagt es nochmals ihr, mein Wort war ohne Nutzen!
Von unten kannst du nicht die Treppe gründlich putzen.

Ich sag es abermals: Wenn sich der Glanz erneuern
Der ganzen Treppe soll, fang oben an zu scheuern!

159.

Wohlfeiler kannst du nicht den Fordernden abspeisen,
Als ihm, daß er schon was er fordert hat, beweisen.

In Ruh genießest du den Überfluß der Gaben,
Wenn du uns glauben machst, daß wir die Fülle haben –

»Was fechten Niedere der Höhern Vorrecht an?
Sein eigen Vorrecht hat auch der gemeine Mann.

Hat nicht der Bettelmann den Vorzug vor dem Reichen?
Er nimmt Almosen an, und dieser muß es reichen.

Du hast, was er dir gab, den Reichen hat die Habe;
Es geht kein Herrscherstab vor deinem Bettelstabe.

Dir stiehlt, weil er ist leer, kein Dieb den Bettelsack;
Leicht trag ihn und entbehr den schweren Sorgenpack.

Schwer hält dem ird'schen Sinn des Irdischen Entschlagung;
Leicht fällt der Hauptgewinn des Lebens dir, Entsagung.« –

Ein lust'ger Bettler mag so trösten seinen Sohn,
Doch in des Reichen Mund klingt dieser Trost wie Hohn.

160.

Wer ist freigebig? Wer, dies sagt das Wort, gibt frei,
Frei, ohne daß er selbst dazu gezwungen sei,

Gezwungen weder durch Gewalt, noch Rücksicht auch,
Die gleichgewaltig ist, auf Ruhm, Stand oder Brauch.

Freigebig ist, dem Wort wohnt dieser Sinn auch bei,
Wer den Unfreien gibt, den Schuldverbundnen, frei.

Freigebig ist, wer frei dir gibt, daß, wie du magst,
Du hinnimmst, was er gibt, Dank oder nicht ihm sagst.

Freigebig, wer als Mann, als freier, kund sich gibt
Durch Geben, weil er kann hingeben, was er liebt.

Denn Sklav ist seines Guts, wer's nicht hingeben kann;
Frei fühlt sich vom Besitz nur der freigeb'ge Mann.

161.

Den Menschen wenn der Mensch im Menschen stets
      erkennte,
so manche Schranke nicht von Menschen Menschen trennte;

Es würde weniger Mensch gegen Menschen stehn,
Es würde sich kein Mensch am Menschlichen vergehn.

Was wütet hoch vom Thron herab ein Wüterich?
Er liebt die Menschen tief gleich Tieren unter sich.

Was gilt dem Muselmann für einen Hund der Christ?
Er sieht es ihm nicht an, daß er sein Bruder ist.

Was macht den Weißen hart dem Schwarzen gegenüber?
Der Menschheit Züge sind auf dessen Antlitz trüber.

Der Arme, Niedre, haßt den Höheren, den Reichen,
Weil er so wenig selbst sich fühlt als dessen gleichen.

Und wer sich jedes Rechts von andern liebt beraubt,
Hält jedes Unrecht auch sich gegen sie erlaubt.

Ihr Menschenwächter, drum, wenn ihr wollt ruhig schlafen,
Abhelfen müßt ihr dem, was ihr nur wollt bestrafen.

Macht, daß ein Mensch sich könn und müß als Menschen
       fühlen,
so wird er nicht den Grund der Menschheit unterwühlen.

162.

Was heißt dich, wie dich selbst, jedweden Menschen achten?
Das Menschenangesicht! Du darfst es nur betrachten.

Du siehst dein eigen Bild und hast dich selbst entehrt
Wenn du die Achtung, die es fordert, ihm verwehrt.

Aus jedem Angesicht blickt menschliche Vernunft,
Das Gotteslicht, wie auch getrübt, gedämpft, verdumpft.

Wenn du es nicht erkennst, so liegt die Schuld an dir:
Du siehst das Tier nur, weil du selbst nur siehst als Tier.

Des Tieres Sein ist Kampf, des Menschen Geist ist Frieden;
Sind wir erst Menschen ganz, so ist der Kampf geschieden.

163.

Bei einem Lehrer ist von Schülern eine Gilde,
Die unterweiset er in Gottesfurcht und Milde.

Er weist zu Gottesfurcht und Milde nur sie an,
Doch einer eilt voraus den andern auf der Bahn.

Am Allerjüngsten hat der Meister Wohlgefallen,
Weil er ihn sieht im Geist voran den andern wallen.

Die andern aber, die voran im Alter gehn,
Die fragen sich, warum ihr Meister vorzieht den.

Warum uns ältern ihn, den jüngsten, ziehst du vor?
Er sprach: Ich sag es euch, doch tut mir dies zuvor:

Von diesen Vögelein (er nahm sie aus dem Neste)
Nehmt jeder eins zur Hand, und geht damit aufs beste

Hinaus an einen Ort, da wo euch sieht kein Blick;
Erwürgt die Vögel dort und bringt sie her zurück. –

Sie gehn, und bringen dann die toten ohne Beben,
Als sollt, ein Wundermann, der Meister sie beleben.

Der jüngste aber bringt sein Vögelein lebendig.
Was würgtest du es nicht? Er sprach darauf verständig:

Weil ich den Ort nicht fand, o Meister, welchen du
Mich suchen hießest, da kein Blick mir sähe zu.

Ein Blick sieht überall, er sieht aufs Leben nieder,
Wie meins, des Vögeleins; drum bring ich's lebend wieder. –

Der Meister sah sich um, die Schüler waren stumm;
Den jüngsten zog er vor, nun wußten sie, warum. –

Die toten Vögelein setzt er zurück ins Nest,
Ums lebende herum, und drückte sanft sie fest.

Vom Wunderhauch der Huld sind sie lebendig worden;
Beleben kann der Herr, doch soll der Mensch nicht morden.

164.

Ein Mann zu werden, ist des Kindes Stolz; ein Mann
Bedauert wohl, daß er kein Kind mehr werden kann.

Wollt er ein Kind sein, um sich kindisch zu gebärden?
O nein, als Kind möcht er zu anderm Manne werden.

Ein Vater ist beglückt, daß er ein andrer Mann,
Als er geworden ist, im Kinde werden kann.

Mit aller Einsicht, die Erfahrung ihm verliehn,
Streb er sich selbst im Kind zum Manne zu erziehn.

165.

Oft bringt nur in Gefahr vor der Gefahr die Warnung,
Und was dich retten soll, gereicht dir zur Umgarnung.

Ich warne dich; wovor? Ich muß den Feind dir nennen;
Und darin schon besteht das Übel, es zu kennen.

166.

Dem Süß entgegen sind gestellt Herb, Bitter, Sauer,
Drei Nachwehn einer Lust; o Schmerz, o Leid, o Trauer!

Dem Gut entgegen steht Bös, Übel, Schlimm und Schlecht,
Vier Schäden einem Heil; o Mensch, verstehst du's recht?

167.

Der Mensch ist nicht so schlimm als seine Taten zeigen,
Denn seine Taten sind zum kleinsten Teil ihm eigen.

Nimmst du die Zutat weg von Zufall, Unverstand,
Nachlässigkeit; was bleibt als Tat der freien Hand?

Nichts Böses überhaupt tut er vielleicht aus Trieb
Zum Bösen; sondern weil zu tun nichts andres blieb.

Laßt ihn das Gute tun, gebt ihm zum Guten Raum;
Und Böses dann zu tun, fällt ihm nicht ein im Traum.

168.

Ein nachgesprochenes Gebet kann etwa nützen,
Als Zaubersegen, dich mit Wunderkraft beschützen.

Ein nachgebetet Wort der Lehre nützet nicht,
Wenn in dir selbst den vorgesprochnen nichts entspricht.

Der eingepflanzte Stab mag wohl die Pflanze tragen,
Die Pflanze doch muß, um zu wurzeln, Wurzel schlagen.

169.

Am größten ist alsdann des Fleißigen Behagen,
Wenn er des Tags zuvor hat doppelt eingetragen.

Er freut sich, daß er heut nun dürfe müßig sein,
Und in der Freude trägt er wieder doppelt ein.

170.

Nur eine Waffe gab jedwedem Tier Natur,
Nicht allen alle, dir, o Mensch, gar keine nur.

Sie gab auch eine Kunst nur einem, und nicht allen
Jedwede, wieder dir ist keine zugefallen.

Warum? Wär eine Waff' und Kunst dir angeboren,
So wäre der Gebrauch der andern dir verloren.

Doch brauchen solltest du so alle Künst' als Waffen,
Dir selber schaffend, was dir nicht ist anerschaffen.

171.

Wo Überlieferung ununterbrochen waltet,
Wird an der Bildung Stamm leicht Blatt aus Blatt entfaltet.

Der Schüler nimmt getreu von seinem Lehrer an,
Was der von seinem, der von seinem hat empfahn.

So bis zum letzten läuft der Funken durch die Kette,
Als ob unmittelbar er ihn vom ersten hätte.

Ist nun der gliedernde Zusammenhang gesprengt,
Weiß keiner mehr, von wem, was und wie er's empfängt.

Zu seinen Lehrern hat ein Schüler dieser Zeit
Die ganze Gegenwart und die Vergangenheit.

172.

Vier Zeichen lehr ich dich, sie sind wohl lernenswert,
Wer dich liebt, oder scheut, verachtet oder ehrt.

Dich fürchtet, wer von dir schlimm hinterm Rücken spricht,
Und dich verachtet, wer dich lobt ins Angesicht.

Dich ehrt, wer dich, wo du's verdienst, zu tadeln wagt,
Und liebt, wer lieber Gut's als Böses von dir sagt.

173.

Du hast ein gleich Gefühl nicht immer deiner Kräfte,
Doch schaffen mußt du, was einmal ist dein Geschäfte.

Wenn du bei deinem Werk nicht fühlst die frische Luft,
Doch denke darum nicht, daß du nichts Rechtes tust.

Vertrau dem guten Geist auch in der schlechten Stunde,
Der, ohne daß du's weißt, doch ist mit dir im Bunde.

174.

Warum verehrst du den? Weil ihn soviel verehren.
Das Beispiel ist's, wodurch einander Toren lehren.

Hier ehrt dich einer erst, und dort ein andrer dann,
Und endlich bist du ein verehrungswürd'ger Mann.

Warum? Weiß keiner zwar, doch jeder glaubt gewiß,
Der andre wiss es schon, und ihm genüge dies.

175.

O schäme dich, zurück von einem Wandelgang
Zu kommen durch den Wald, die Frühlingsflur entlang,

Und nicht in deiner Brust ein Lied mit dir zu bringen,
Mag es nun oder nicht hervor nach außen klingen.

Das schönste Lied ist ja nicht, das man druckt und schreibt,
Vielmehr das wie die Perl' in seiner Muschel bleibt.

176.

Nimm es dem Freunde nur nicht übel, der ergrimmt
Ein Freundeswort, ein gutgemeintes, übelnimmt.

Bedauer ihn! Gewiß ist übel ihm zumut,
Recht übel, weil so gar nichts Gutes gut ihm tut.

177.

In was du bildend dich wirst ganzer Seele tauchen,
Das kannst du fetzenweis am wenigsten verbrauchen.

Was im Vorübergehn den Geist berührt und streift,
Das ist's, wovon zum Schmuck er dies und das ergreift.

Nicht wo du Einzelnes aufzählt, das du gewannst,
Das meiste lernst du da, wo du's nicht zählen kannst.

178.

Was gibt es hier, um was des Volks Gedräng sich häuft?
Frag's oder warte, bis es wieder sich verläuft.

Doch wenn du's dann erfährst, hast du vielleicht erfahren,
Daß du dein Fragen und dein Warten konntest sparen.

Drum lieber geh mit mir vorüber dem Geschrei,
Und denk im stillen, was es wohl gewesen sei?

Wir können mancherlei Anlässe dem Geschrei
Erdenken, keinen doch, der viel zu gut nicht sei.

179.

Freigiebig bist du nicht, wenn du, was du nicht brauchest,
Gleichgültig gibst, und nicht zuvor in Lieb es tauchest.

Selbst brauchen könntest du's, doch brauchst du so es eben
Am besten, wenn du es dem, der es braucht, gegeben.

180.

Du schöpf aus deinem Brunn und laß auch andre schöpfen!
Ihr schöpfet ihn nicht aus mit Eimern, Kannen, Töpfen.

Doch miß nicht seine Tief und laß auch andre nicht
Ihn messen, weil dadurch ihm die Quellader bricht.

Dein gottgegebnes Gut sei dein mit Lust besess'nes,
Ein dem Bedürfnis angemess'nes, ungemess'nes.

181.

Zwei Bettler liefen rechts und links am Reisewagen,
Und ein Almosen wollt ich ihnen nicht versagen.

Dem einen warf ich's zu im schnellen Vorwärtseilen,
Und rief: Ihr beiden teilt! Es war genug zum Teilen.

Der aber nahm es ganz, dem's zugefallen war,
Und leer von dannen ging der andre ganz und gar.

Der hat mir wohl geflucht, und jener mich gesegnet;
So ist mir denn geschehn, was oft dem Glück begegnet,

Das seine Gaben auch uns Bettlern im Enteilen
Zuwirft und denkt, daß wir als Brüder sollen teilen.

Zureichen würden auch geteilt die Gaben allen;
Doch ganz steckt jeder ein, was ihm ist zugefallen.

182.

Wenn dir ein weises Wort zu denken und zu schreiben
Sich darbot heute, laß es nicht bis morgen bleiben.

Noch minder aber, wenn Gelegenheit zu tun
Du hast ein gutes Werk, laß es auf morgen ruhn.

Ein unterdrücktes Wort kommt wieder neugeboren,
Die unterlass'ne Tat doch ist und bleibt verloren.

Und geht verloren auch ein Wort, so ist's nicht viel;
Denn nur die Tat ist Ernst und der Gedank ein Spiel.

Du aber, wenn dir Zeit und Ort und Kraft nicht bleiben
Den Ernst zu tun, magst du mit Ernst dein Spielwerk treiben.

183.

Man sagt: Ein säugend Kind, wonach zuerst es streckt
Die Händchen, daran wird sein künft'ger Sinn entdeckt.

Drum Gutes, Schönes soll man nur dem Kind vorhalten,
Um schlechte Neigungen in ihm nicht zu entfalten.

184.

Wenn du gefällst der Welt, wird dir die Welt gefallen;
Doch wer sich selbst gefällt, das ist ein Glück vor allen:

Sich zu gefallen, nicht wie sich ein Tor gefällt,
Ein Eitler, der allein sich dünkt die ganze Welt.

Der schwache Wahn geht wie ein Glas vom Stoß entzwei,
Und merkt, indem er bricht, daß außer ihm was sei.

Doch du gefalle dir, weil dir die Welt gefällt,
Weil du die Welt in dir und dich fühlt in der Welt.

185.

O seliges Gefühl, zu fühlen, daß du lebest,
Empfangest Leben von der Welt und Leben gebest;

Ein Glied des Leibs zu sein, der tausendfach sich gliedert,
Wo Herrschen nicht erhöht und Dienen nicht erniedert.

Denn alles ist Gefäß, das immer feiner seigert
Wodurch sich Nahrungslast zum Nervengeiste steigert.

Die Stell, an die du bist gestellt, bestelle du,
O Werkzeug im Gewerk des Lebens wirke zu!

Und fühle, daß du nicht entäußernd dich verlierst,
Daß du die Welt aus dir, dich aus der Welt gebierst.

Du ziehest sie in dich, um sie dir anzugleichen,
Und gehst in sie, um aufzudrücken ihr dein Zeichen.

Ein Pünktchen und zugleich ein Mittelpunkt, ein Ich;
So unterordne dir und unterordne dich!

186.

Geh auf die Reise, Freund! Der dir das Reisen preist,
Der hat es auch erprobt, der *Saadi* war gereist.

Nicht eine Rose gibt's, nicht einen grünen Baum!
Voll Bäume steht die Welt, voll Rosen blüht der Raum.

Was willst du wie ein Huhn im Hofe Körner klauben,
Wenn du dich schwingen kannst frei in die Luft wie Tauben?

Die Schnecke reist bequem, sie reist mit ihrem Haus,
Dafür sieht sie nicht viel und kommt nicht weit hinaus.

Gefährten such ich mir, die etwas mit mir wagen,
Nicht einen Reisefreund, des Bündel ich soll tragen.

Der Seele Kraft besteht im Trachten und Betrachten;
Betrachten sollst du viel, doch nicht nach allem trachten.

Durcheilst du alles schnell, so wirst du vieles sehn;
Das Eine siehst du recht, bleibst du beim Einen stehn.

Ein kluger Wandersmann ruht aus am Scheidewege;
Da ruh ich nicht umsonst, indes ich überlege.

Viel besser aber ist's, auf gut Glück irre gehn,
Als bis zum Untergang der Sonn am Scheid'weg stehn.

Ich habe viel geirrt, ich hab auch viel getroffen
Beim Irren, was nicht war auf gradem Weg zu hoffen.

Ich seh's, daß ich gefehlt; was hilft, daß es mich reute?
Das Gestern fraß der Fehl, soll fressen Reu das Heute?

Mach es so gut du kannst; und hast du's schlecht gemacht,
So preis in Demut Gott, der alles recht gemacht.

187.

Nicht Sonderliches wird er lernen, der verstehn
Will alles, was er lernt, und auf den Grund ihm sehn.

Nur wenig fördert dich ein leicht Bezwingliches,
Den Blick der Forschung schärft nur Undurchdringliches

Dem Rätselhaften, das vielsinnig ist zu deuten,
Wirst du mit Sinnigkeit den tiefsten Sinn entbeuten.

188.

In einem Irrtum bist du immer noch befangen,
Als ob es gelte hier was Eignes zu erlangen.

Als ob es gelte durch Anstreben, Kämpfen, Ringen,
Zu einem höhern Wert mit Macht empor zu dringen.

Bescheide dich! Hier ist nichts Höher's zu verlangen,
Als am Gemeinsamen Gemeinschaft zu erlangen,

An dem, was klein und groß den Menschen ist gemein,
Ein Mensch zu sein, das ist nicht groß und ist nicht klein.

Nicht, weil du klommest, bist du auf zu höherm Grade,
Gestiegen bist du nur empor auf steilerm Pfade.

Beglückt ist, der empor auf leichterem gekommen,
Der oben ist und selbst nicht weiß, daß er geklommen.

189.

In diesem Spiel des Glücks, in welchem keiner kann
Gewinnen, ohne daß verlor ein Gegenmann;

In diesem Spiel des Glücks, in dem auch keiner kann
Verlieren, ohne daß ein Gegenmann gewann;

In diesem Spiel des Glücks verliert an ruh'gen Sinnen
Der Spieler, ob er mag verlieren, ob gewinnen;

Und Lust gewinnt allein, wer als Zuschauer steht,
Und siehet, daß im Grund hier nichts verloren geht;

Daß eines Lebens Tod des andern ist Belebung,
Und jedes Sinken hier wird dort zu einer Hebung;

Daß dieses Schwanken selbst sich hält im Gleichgewicht;
Wer sich im Ganzen fühlt, der hängt am Einzlen nicht.

Und will das Glück dich selbst in seine Wirbel ziehn,
Laß nur die ruhige Betrachtung nicht entfliehn:

Daß nur, was du verlierst, ein andrer hat einstweilen,
Und das, was du gewannst, du kannst mit andern teilen.

Unglücklich ist nur, wer sein Glück mit keinem teilt,
Und vor dem Unglück bangt, noch eh'r es ihn ereilt.

190.

Du bist zu sehr geneigt, andre nach dir zu richten.
Jedwedem dein Gefühl im Busen anzudichten.

Danach benennest du den einen hochbeglückt
Und einen andern tief in Not hinabgedrückt.

Du setzest nur voraus, daß sie in ihren Lagen
Sich fühlen müßten so, wie du sie würdest fragen.

Bedenke: jeder lebt in seinem Element,
Ob dumpf, ob licht es sei, wie wer kein andres kennt.

Ihr Leben fühlen sie in angemessner Lage
Nicht als besondre Lust, noch als besondre Plage.

In dem Gefühle sollst du sie durch deins nicht stören,
Und nicht das deinige durch Träumerei betören.

191.

Wenn sich ein Lehrer müht, um etwas dir begreiflich
Zu machen durch Beweis, erwägst du alles reiflich;

Auf der Gedankenfahrt suchst du ihm nachzuschiffen,
Und endlich glaubest du, du habest es begriffen.

Hast du die Sache dann begriffen? Nur die Art
Hast du begriffen, wie der Lehrer sie gewahrt;

Bis dir begreiflich wird, daß, um sie zu gewahren
Auf deine Art, du selbst ganz anders mußt verfahren.

192.

Die Lust der Welt ist durch das Christentum verdorben;
Wir alle sind am Kreuz, an dem er hing, gestorben.

Und soll die Lust der Welt nie wieder sich gebären?
Ja, der sie überwand, der wird sie auch verklären.

Neu wird die Rose blühn am Ziel der Dornenbahn.
Erfüllt das Christentum! So ist es abgetan.

Einsetzen werden dann das Fleisch in seine Rechte
Des Geistes Freie, nicht, wie jetzt, der Sünde Knechte.

193.

Des Kindes Unart scheint dir artig im Beginn;
Du nennst es sinnig, und am End ist's Eigensinn.

Du kennst im zarten Keim das Unkraut nicht vom Kraut,
Dann raufst du's zornig aus, warum hast du's gebaut?

194.

Willst du geheiligt, vergöttert sein in Schriften,
So mußt du neue Lehr' und neuen Glauben stiften.

Doch, Ehre völlig rein ist solchem nicht verliehn;
Weil ihn sein Anhang lobt, schelten die Gegner ihn.

Doch der, nach welchem Schul und Sekte sich nicht nennt,
Mag hoffen, daß zuletzt ihn jede anerkennt.

195.

In einem Irrtum seh ich euch befangen alle,
Als ob nichts fest mehr steh und alles ruhlos walle.

Wohl unaufhaltsam geht voran das Weltgeschick,
Und etwas Neues bringt auch jeder Augenblick.

Doch was der eine bringt, das nimmt der andre wieder,
Wie eine Blas im Strom aufsteigt und sinket nieder.

Ihr Blasen auf dem Strom des Tages, blähet euch!
Bläht euch und blast nur auf die Backen mit Gekeuch!

Blast, Blasen, bis ihr platzt, und macht einander Platz!
Denn noch von Blasen liegt im Strom ein ganzer Schatz,

Doch eine Muschel ruht, gefüllt mit Weh und Luft,
Und bildet wie ein Herz die Perl' in ihrer Brust,

In welchem das Gefühl von Erd und Himmel schlägt,
In welchem Ewiges ist endlich schön geprägt;

Dies Herz, wann es schon längst hat aufgehört zu schlagen,
Gibt einst, ihr gebt es nicht, ein Zeugnis diesen Tagen.

Ihr aber, lernt einmal, ihr Leute der Bewegung,
Daß ewig niemals ist des Augenblicks Aufregung.

196.

Ein edler König sprach: Des Fürsten Schätze ruhen
In seiner Bürger, nicht in seinen eignen Truhen.

Er hat es so gemeint, der größte Reichtum sei
Des Fürsten, dessen Volk ist reich und sorgenfrei.

Allein der Fürstensohn hat so es ausgelegt:
Mein von Rechtswegen ist, was jeder Kasten hegt.

197.

Auch mir will oft das Haupt der Greisenwahn umdüstern
Von alter bessrer Zeit und neuer schlechtrer flüstern.

Doch gleich danieder schlägt den Wahn, und die
          Verachtung
Der Gegenwart zerstreut die doppelte Betrachtung:

Daß ich doch schlechter nicht geworden, als gewesen,
Ja besser als es war zu hoffen, bin genesen;

Und daß nun andre nicht sind schlechter als ich war,
Und können darum noch viel besser werden gar.

198.

Wo warest du? Ich schlief. So wird an dir sich strafen,
Was du verschlafen hast. Was hab ich denn verschlafen?

Viel große Dichter, die indes verklungen sind,
Und Weise, die vom Urungrund verschlungen sind,

Weltneurungsblasen, die lautlos zersprungen sind,
Und alte Größen, die verhöhnt von Jungen sind.

Bedauerst du es nicht? Jawohl ich armer Mann
Bedaure, daß ich nicht noch länger schlafen kann.

199.

Was ist unwandelbar als Wahrheit ausgemacht?
Von allem nichts fürwahr, was Menschenwitz erdacht.

Die Wunder der Natur, die Taten der Geschichte.
Erscheinen jeden Tag dem Geist in neuem Lichte.

Wie dort Erscheinungen und hier Ereignisse,
So wechseln Meinungen und Überzeugnisse.

Glaubensbekenntnisse und Wissenschaftsgebäude,
Des ewig wandelnden Weltgeistes Spiel und Freude.

Du aber laß, was ihn erfreut, dich nicht betrüben!
Er spielt sein Spiel mit dir, um deine Kraft zu üben.

Wo ihn dein Ringen hat mit geist'ger Form gebunden,
Da hast du Wahrheit für den Augenblick gefunden.

200.

Ihr wollt doch überall etwas Apartes haben,
Unsterblichkeit sogar soll vorzugsweis euch laben.

Als denkenstarke bald und bald als glaubenfeste
Sprecht ihr sie an für euch, und sprecht sie ab dem Reste.

Gemeine Menschen sind mit Seelen nur begabt,
Tierseelen gleich, indes ihr Geister Geist nur habt.

Ich fürchte, dieser Geist des Dünkels sprengt die Flasche,
Verpufft, verdunstet so, daß nichts ihn wieder hasche;

Und weder droben wird zum Lohn euch noch hienieden
Unsterblichkeit dafür von Gott und Welt beschieden.

201.

Der Welt Anschauungen, der Dinge Sinnabdrücke,
Sind schön, daß sich damit das Haus der Seele schmücke.

Je künstlerischer sie anordnet und verklärt
Die Seele, je mehr Wonn' ihr Wohnhaus ihr gewährt.

Doch keins der Bilder dient zu gründlicher Erbauung
Wie das Altarbild nur geweihter Gottanschauung.

Je weiter seinen Glanz ergießt dies Mittelbild,
Erfüllend immer mehr das innere Gefild;

Je weiter trist zurück das zeitliche Gewühl,
Und geht beseligt auf in Ewigkeitsgefühl.

Gedächtniswissenschaft, Dichtkunsteinbildungskraft
Sind vor der Seele Gottbewußtsein kummerhaft.

In ihm wird ihr, die sich gefühlt nach außen endlich,
Ihr eigenst-innerstes Unsterbliches verständlich.

202.

Wie Blüten aus dem Baum, wie Strahlen aus der Sonne
So tritt aus Gott hervor der Welten lichte Wonne.

Die Blüten fallen ab, die Strahlen sind verglommen.
Und niemand sieht, wie sie zurück zur Wurzel kommen.

Sie kommen ungesehn zur Wurzel doch zurück,
Und treten neu hervor, ein ew'ges Frühlingsglück.

203.

Nur eine Liebe gibt's auf Erden ohne Leid,
Weil ohne Eifersucht, weil ohne Groll und Neid,

Und ohne Eigennutz; weil, wer sie liebt auf Erden,
Für seine Liebe nicht geliebt will wieder werden.

Welch eine Lieb ist das? Zu welchem Liebesgut?
Zu einem, das der Geiz nicht nehmen kann in Huf.

Zu einem, das nicht wird durch kleinste Teilung kleiner,
Das Tausend in Besitz ganz haben, ganz nie einer.

Die Lieb ist es zu Gott, die keinen aus will schließen,
Vielmehr sich vielfach in Mitliebenden genießen.

Das ist die Liebe, die noch nicht das Volk gewann,
Das einen eignen Gott zu seinem Hort ersann.

Die hat auch nicht der Mann, der den zum allgemeinen
Gewordnen Hort der Welt neu machen will zum seinen.

Die Liebe hat nur, wer mit Liebesandacht sieht
Jedweden Liebenden, der vorm Geliebten kniet.

Aus welcher auch er kniet der tausend Tempelstufen,
Ins Allerheiligste wird er mit Lieb ihn rufen.

Nur lieblos wird er nicht ihn nöt'gen einzutreten,
Noch minder wehren ihm, auch draußen anzubeten.

204.

In allen Zonen liegt die Menschheit auf den Knien
Vor einem Göttlichen, das sie empor soll ziehn.

Verachte keinen Brauch und keine Flehgebärde,
Womit ein armes Herz emporringt von der Erde.

Ein Kind mit Lächeln kämpft, ein andres mit Geschrei,
Daß von der Mutter Arm es aufgenommen sei.

205.

Die Welt ist Gottes unausdenklicher Gedanke,
Und göttlich der Beruf zu denken ohne Schranke.

Nichts in der Welt, das nicht Gedankenstoff enthält,
Und kein Gedanke, der nicht mitbaut an der Welt.

Drum liebt mein Geist die Welt, weil er das Denken liebt
Und sie ihm überall so viel zu denken gibt.

206.

In einer Wüste fließt ein Quell durch Gottes Kraft,
Der hat für Durstige des Wegs die Eigenschaft:

Wer im Vorübergehen nur schöpfet mit der Hand,
Der geht erquickt und kühl hinweg im Sonnenbrand.

Doch wer sich niederläßt am Quell und trinkend ruht,
Der trinkt sich durstig, und verdurstet an der Flut.

Ihr Pilger dieses Wegs, laßt es gesagt euch sein!
Schöpft im Vorübergehn nur mit der Hand allein.

207.

Du bist in Gottes Ratsversammlung nicht gesessen,
Als er den Plan der Welt nach seinem Maß gemessen;

Nun tust du doch, als sei dir vorgelegt der Plan,
Und deinen Maßstab legst du unbekümmert an.

Nur zu! Es ist darauf der Großplan angelegt,
Daß jedes kleinste Maß paßt, das man angelegt,

Daß jeder deutet sich die Welt in seinem Sinn,
Und jeder deutet recht; so viel ist Sinn darin.

208.

Wie wenig ist, was die einander hier doch geben,
Die in des äußern Weltverkehrs Berührung leben;

Die sich erregen meist nur, um sich zu verwirren,
Und sich begegnen, um sich gegenseits zu irren;

Die selten oder nie einander weiter bringen
In großen Dingen, und sich streiten in geringen;

Wie wenig gegen das, was ein Gemüt durchbebt,
Das mit der Menschheit eins in höherm Chore lebt!

Die Menschheit stellt sich klar nur in der Ganzheit dar,
Und in der Einzelheit, doch niemals in der Schar.

Und von der Einzelheit ist Ganzheit nicht verschieden;
Der Ganzheit Träger ist die Einzelheit hienieden.

Das ist das selbst, das selbstsuchtlos der Weise sucht,
Das selbst, vor dem der Tor ist immer auf der Flucht.

Er flieht zum Lärm der Welt, sich selbst zu übertäuben,
Ins Leer sein leeres Selbstbewußtsein zu zerstäuben.

Du aber samml in dir der Menschheit Blütenstaub,
Und gib die Blüte nicht dem Wind der Welt zum Raub.

Aufreg ein Liebeshauch in dir den Blütenstaub,
Daß deine Blüte nicht unfruchtbar sei und taub.

209.

Auf alle Fragen, die ich tun mag, hört ein Geist,
Der bald mich deutlicher, bald dunkler unterweist.

Und auf die Fragen, die nun ihr mögt tun hinwieder,
Antworten deutlicher und dunkler diese Lieder.

Und wenn die deutlichen Antworten euch erfreuten,
Freu'n dunkle mehr noch euch, wenn ihr sie wißt zu deuten.

210.

O fühle dich, du fühlst, du bist von allen Seiten
Abhängig, wo du stehn magst, liegen oder schreiten.

Vom Stoß der äußern Welt von jeder Seit abhängig,
Der Kraft des Elements zugängig, ja durchgängig.

Nicht einmal wie ein Erz dem Wasser undurchdringlich,
Nicht einmal wie ein Stein dem Feuer unbezwinglich.

Dich trinkt der Hauch der Luft, dich ißt der Wittrung Zahn,
Dich wandelt Tag und Nacht, und wandelt deine Bahn.

O fühle dich und sprich, in deiner Engigkeit
Wie kommst du zum Gefühl der Unabhängigkeit?

Du fühlest, daß ein Hauch dich jenes Odems trägt,
Von dem im Gleichgewicht die Schöpfung ist gewägt;

Von dem im Gleichgewicht die Schöpfung ist gewägt;
So daß nach keiner Seit um eine Schale schlägt.

Wie dich die Wage wägt, wo dich die schale trägt,
Wohin dich Element ins Element verschlägt;

Sag ihnen: Was verschlägt es mir, wie ihr mich wägt?
Ich fühle mich ein Geist, mit Geist vom Geist geprägt.

Wer dies Gepräge trägt, der weiß, daß man ihn wägt,
Prüft, läutert, umschmelzt, doch als unrecht nie verschlägt.

211.

Gar viele Wege gehn zu Gott, auch deiner geht
Zu Gott, geh ihn getrost mit Preisen und Gebet.

Und laß dich nicht darin von denen irre machen,
Die andre Wege gehn, und mach nicht irr die Schwachen.

Wer mit auf meinem Weg will gehn, der sei willkommen;
Und geh ich auch allein, doch geh ich unbeklommen.

212.

Du kannst denselben Sinn in viele Bilder senken,
Und kannst im selben Bild gar viele Sinne denken.

Denn der Gedanke muß sich in viel Hüllen kleiden,
Daß er sich lerne von sich selber unterscheiden.

Und viel Gedanken sind in einem Glanz erbrannt,
Wo die verschiedenen als Eines sich erkannt.

213.

Der Dichter wär ein Gott und zu beglückt sein Los,
Der kleine Welten schafft, wie Gott schuf Welten groß;

Zu glücklich wär er, wenn das, was er schuf im Spiele,
Ihm auf die Dauer so, wie Gott sein Werk, gefiele.

Am Abend meint er zwar, daß wohlgemacht es sei,
Doch die Zufriedenheit ist über Nacht vorbei.

Dann wendet er sich ab dem, was er abgetan;
Gott aber sieht sein Werk mit neuer Lust stets an,

Und Neues schaffend will er Altes nicht vergessen,
Nur seiner Liebesmacht Unmeßbarkeit ermessen.

214.

Die Lehre, wenn sie dir von Herzen widerstrebt,
Wenn du nur fühlest, daß sie dem im Herzen lebt,

Der diese Lehre lehrt, mußt du sie gelten lassen,
Und suchen, deinem Sinn sie irgend anzupassen.

Belebend überall ist der Begeistrung Hauch,
Und mag begeistern dich, wenn zu was anderm auch.

215.

Du sagst und weißt nicht was du sagst: Vielgötterei!
Als ob nicht überall ein Gott der Götter sei,

Ein Gott, der überall ist schweigend anerkannt,
Vorausgesetzt, wenn auch mit Namen nicht benannt,

Ein Gott, der still geahnt ruht hinter den Tapeten
Aus denen bunt hervor der Götterchor getreten.

Wie unabhängig auf der Bühne vorn erscheine
Der Chor, vom Hintergrund hervor lenkt ihn der eine.

Befangen sei der Sinn von sinnlichen Gestalten,
Doch unbefangen fühlt der Geist des Geistes Walten.

Und selbst dem Geiste der den höchsten Geist nur ehrt,
Erscheinen heilige Vermittler wünschenswert;

Ob Göttliches herab ins Menschliche von oben
Entstiegen, oder dies zu jenem sich erhoben:

Es sei nur Göttliches und Menschliches vermittelt;
Nicht daraus kommt es an, wie es nun sei betitelt.

216.

Ob Gott verborgen dir erscheint in der Natur,
Ob außer, über ihr, ist eins im Grunde nur,

Ein Wortspiel-Formelkram, vergebens drum zu zanken,
Ein Krückennotbehelf gebrechlicher Gedanken.

Gott ist, was er will sein, wo er will sein und wie,
Anders in jedem Ding und jeder Phantasie.

Anders in jedem Nu, derselb in Ewigkeit,
Die Vielheit ewig eins, die Einheit stets entzweit.

Ob du Weltschöpfer ihn, ob ihn Weltordnung nennest,
In ihm ist ungetrennt, was im Begriff du trennest.

Geordnet ist die Welt, du ordne dich ihr ein;
Das wird am Göttlichen dein rechter Anteil sein.

217.

Wie von der Sonne gehn viel Strahlen erdenwärts,
So geht von Gott ein Strahl in jedes Dinges Herz.

An diesem Strahle hängt das Ding mit Gott zusammen,
Und jedes fühlet sich dadurch von Gott entstammen.

Von Ding zu Dinge geht seitwärts kein solcher Strahl,
Nur viel verworrene Streiflichter allzumal.

An diesen Lichtern kannst du nie das Ding erkennen,
Die dunkle Scheidewand wird stets von ihm dich trennen.

An deinem Strahl vielmehr mußt du zu Gott aufsteigen,
Und in das Ding hinab an seinem Strahl dich neigen.

Denn siehest du das Ding, wie's ist, nicht wie es scheint,
Wenn du es siehest mit dir selbst in Gott vereint.

218.

Der alte Meister spricht: Die Schwäch ist zu bedauern
Der Menschen, die der Welt Vergänglichkeit betrauern.

Sind wir doch dazu da, mit Kraft begabt hinlänglich,
Um das Vergängliche zu machen unvergänglich.

219.

Wer stolz auf Vorzüg ist, fühlt irgend ein Gebrechen,
Und wer sich brüsten mag, ist sich bewußt der Schwächen.

220.

Ein niedrer Sinn ist Stolz im Glück, im Leid bescheiden;
Bescheiden ist im Glück ein edler, Stolz im Leiden.

221.

Manch falsches Wissen auch sollt ihr bei mir nicht missen;
Warum? Damit ihr seht: es kommt nicht an auf's Wissen.

Ein Irrtum irret nicht den wahren Drang des Strebens;
So sei mit Gott dies Buch, und so das eures Lebens.

222.

Soviel hab ich gelernt: ich darf auf gar nichts zählen;
Worauf ich zählte, das gerade wird mir fehlen.

Gezähltes wird nicht mehr, gezähltes Gut wird minder;
Ja Wolf und Löwe frißt gezählte Schaf und Rinder.

Gezähltes wird nicht mehr; je mehr der Geiz'ge zählt,
Wie viel er hat, je mehr meint er, daß ihm noch fehlt.

Drum zähle nicht, die Gott gezählet hat, die Zahl
Der Haare deines Haupts; wer sie erst zählt, wird kahl.

Zähl deine Freuden nicht! es möchte dir hienieden
Bedünken, wenige nur seien dir beschieden.

Doch deine Leiden, wenn du sie willst zahllos meinen,
Zähle sie nur, damit sie dir gering erscheinen.

Wie manchmal mit Bedacht die Rechnung wird gemacht,
Die Rechnung ist am End ohne den Wirt gemacht.

Die Summe willst du ziehn und machst schon deinen Strich,
Da macht das Schicksal durch die Rechnung einen Strich.

Mit goldnen Gülden glaubst du dich bezahlt, die blechnen
Erkennest du zu spät, die Pfennige, beim Rechnen.

223.

Ja, ja, du ließest gern dir jede Not abnehmen
Des Lebens, wollte sich dazu ein Freund bequemen.

Sag an, ob jede Luft des Lebens auch? mitnichten.
Nun, wenn du hier nicht willst, mußt du auch dort verzichten.

Des Lebens Luft und Not nimmt keiner keinem ab,
Sie trägt ein jeder Selbst und legt Sie ab am Grab.

224.

Nicht der ist glücklich, den ein Unglück nie geschlagen;
Wer weiß, wann es ihn trifft, wie er es wird ertragen;

Nur der ist glücklich, der mit Fassung eines trug,
Und noch manch andres ist zu wagen stark genug.

Denn mancher Sturmwind tobt, der unser Schifflein probt,
Und wenn die Prüfung wir bestehn, sei Gott gelobt.

225.

Die Welt ist öd und leer und grenzenlos der Raum,
Wo nicht die Liebe wohnt mit einem Himmelstraum,

Wo nicht die Liebe wohnt, von der, zu der du gehst,
Um deren Mittelpunkt du dich im Geiste drehst.

Drum denke, wo du gehst, damit nicht Öd erscheine
Die Welt, daß eine Lieb auch dort wohnt, irgendeine, –

Daß irgendeiner dort träumt seinen Liebestraum;
Den gönn ihm, träume mit und voll sei dir der Raum.

226.

Gemeinverständlich sei ein Buch, das zur Erbauung
Das Volk hat in der Hand, zu täglicher Beschauung.

Doch etwas darf darin und soll sein unverständlich,
Damit die Andacht sich daran erbau unendlich.

Denn ein Verständliches ist endlich auszubeuten,
Ein Unverständliches unendlich umzudeuten.

227.

Das Opferfeuer brennt, das nie erlöschen darf,
Und wir sind's alle, die man drein als Brennstoff warf.

Der eine, Weihrauchduft, hinlodernd, leicht und heiter,
Und andre schwerere, der Kohle Nahrung, Scheiter.

Befeuchtet von dem Gischt des grünen Reisigs zischt
Der Brand, der nicht erlischt, vom Windzug angefrischt.

Die Flamme läuft im Nu von einem andern zu;
Und wenn ich bin zur Ruh, kommst an die Reihe du.

Laßt uns, wie man uns ruft, verlodern in die Luft,
Zum Himmel Opferduft und Aschen in die Gruft.

Aus toter Asche stammt, was lebend wieder flammt,
Und Gottes Wolkenzelt ist weben Rauches Amt.

228.

Wohl mag es dir Verdruß erwecken oder Bangen,
Wenn Irrtum so sich gibt für Wahrheit unbefangen.

Denn wie erkennst du, daß dich lauter Wahrheit säugt,
Wenn auch der Irrtum von sich selbst ist überzeugt?

Gewiß wird euern Streit einmal die Zeit entscheiden;
Allein zu jener Zeit, wo seid ihr dann, ihr beiden?

Doch wenn die Wahrheit dir mehr gilt, als recht zu haben,
So tröste dich und stirb! denn sie wird nicht begraben.

229.

Wieder ein Strebender, der hohes wohl und vieles
Erstrebte, ging dahin, und unerreichten Zieles;

Und hat, indem er es verfehlt, erreicht das Ziel,
Wie jeder, der mitspielt dies Weltlusttrauerspiel.

230.

Mag doch aus Neubegier und Lust am Wechsel reisen
Die Jugend, treu bleibt gern das Alter seinen Kreisen.

Nach fernem Schönen laß dich locken nicht das Sehnen;
Zieh es im Geist heran, und schmücke deine Szenen.

Dann aber, wenn dich nah ein Unerträgliches
Umdrängen will, ein wüst und trüb Alltägliches;

Dann eh den hellen Sinn der Trübsinn dir umgraut,
Der Wahnsinn, aus und fort, soweit der Himmel blaut!

Und schaue dich nach dem nicht um, dem du entrennst,
Du möchtest sonst dir nach beschwören das Gespenst.

Nicht stille steh, bis du bist weit genug davon
Dann steh, und atme nur, und fühle dich entflohn.

Blick um! Wie hinter dir in blau Gedüft die Berge
Sich hüllen, so verhüllt die Ferne Gruft und Särge.

Und kehrst du wieder ein, so ist der Dunstkreis rein,
Und überm Moder wird das Gras gewachsen sein.

231.

Du fassest selbst nur halb, was da im Herzen sagst;
Und wenn du in ein Wort es nun zu fassen wagst,

Wird es nur wieder halb darin sich fassen lassen;
Wie soll der Hörer ganz dies halbe Halbe fassen?

Er faßt soviel er mag, und macht es ganz in sich,
Faßt dies auch halb, und glaubt nun ganz zu fassen dich.

232.

Im Meer der Schöpfung schwamm zuerst die Lotosblume,
Die wölbte ihren Kelch gleich einem Heiligtume.

Im Heiligtume lag der Geist wie unter Zelten
Und lächelte im Traum, er träumte künft'ge Welten.

Als sich entsalbete darob die Blum' in Wonne,
Ging aus der Blum ein Glanz und ward das Licht der Sonne

Aufstieg ein Duft, ein Hauch und ward zu Ätherrauch,
Ward feuchte Frühlingsluft und Wolkenhimmel auch.

Ein Blättchen riß sich los als Schmetterling-Zikade
Und flog der Lebenswelt noch unbekannte Pfade.

Im Kelche brütend saß ein vogelgleich Gebild,
Die Flügel hob's und schwang sich in des seins Gefild;

Sie kämpften in der Luft, und bunt stob manche Feder,
Ein eigenes Geschlecht Luftgänger ward aus jeder.

Doch außen an dem Kelch die Schuppe wasserfrisch
Abtrennte sich und ward halb Krokodil, halb Fisch.

Der Fisch entschwomm zum Strand der Zukunft voll Begier,
Und stieg dort halb ans Land, ganz als vierfüß'ges Tier.

Die Lotoswiege schwankt, es gärt der Wasserschaum,
Der Geist erwacht und fleht die Schöpfung, seinen Traum.

Er sprach: Ich träumte das, doch nun will ich im Wachen
Der Traumwelt wachen Herrn, den Menschen selber machen.

233.

Du mußt nur alles nicht verlangen gleich von allen,
So wird in seiner Art dir alles wohlgefallen.

Wenn eine duftig riecht, die andre farbig glänzt,
Ist von der einen schön die andre Blum ergänzt.

Und ist die eine gar geruch- und farbenreich,
Verlange nicht, sie sei auch süße Frucht zugleich.

Die schönste Blum ist, in den Mund genommen, bitter;
Denn heimlich ist ein Gift in jedem Sinnenflitter.

234.

Der Farbenbogen der Empfindungen erscheint,
Wenn hier die Sonne lacht, und dort die Wolke meint.

Wie Götter wandeln auf besonnter Wolkenbrücke,
So wandeln drunterhin wir zwischen Leid und Glücke.

Du sagst: Die Sonne lacht; du sagst: Die Wolke weint;
Weil die zu lachen dir und die zu weinen scheint.

Du tauchest die Natur in deines Innern Farben,
Die leben, wenn es lebt, und wenn es starb, erstarben.

Dir gebe Gott in dir das ewige Lebendige,
Im Unbestand der Welt das einzige Beständige.

Dir gebe Gott in dir das heitere Verständige,
Daß mit dem Geist der Welt sich klar dein Geist verständige.

Dein Weinen möge dir zum Lächeln, nie zum Lachen,
Nie dir dein Lachen Gott zum Quell der Tränen machen.

Des Menschen Aug' allein kann lachen und kann weinen,
Und nur die Schönheit kann die beiden schön vereinen.

Mit einem Auge lacht die Lieb, ihr andres weint;
Was meinest du, daß sie mit Lachen-Weinen meint?

Sie lächelt, wenn die Welt sie um die Welt sieht weinen,
Und weint, wenn sie sich sieht verlachen und verneinen.

235.

Es kam ein Wanderer durch einen öden Raum
An einen grünen Fleck, da stand ein schöner Baum.

Und an des Baumes Fuß ergoß sich eine Quelle,
Und eine Blume sah sich in der klaren Welle.

Auch auf dem Baume saß ein Vogel hoch und sang;
Der Wandrer ruhte froh sich aus von seinem Gang.

Und sprach: Wie schad um euch, daß ihr hier beide singt
Und blüht, wo keinem Aug' und Ohre Lust es bringt.

Da sprach die Gottheit, die im Baume wohnte, leise:
O Wandrer, den zu mir geführet hat die Reise!

Sie blühen nicht umsonst, sie blühn und singen mir,
Und weil du bei mir ruhst, blühn sie und singen dir.

236.

Der alte Hauswirt, in der Wirtschaft wohl erfahren,
Hat dich gelehrt, wo du, wo nicht du sollst sparen.

Voll schöpf aus vollem Faß, das leere leere schnell,
Doch zwischen voll und leer, da halte Haus, Gesell!

Voll schöpf aus vollem Faß und in der Mitte spar;
Die Neige sparen ist unnütz und undankbar.

Warum? Kein Sparen frommt, daß neu Erschöpftes steige,
Und schal am Ende wird dir nur die schmale Neige.

Des Fasses Anbruch sei ein Fest, ein Fest sein Ende;
Haustrunk ist Mittleres, das Äußere Götterspende.

Der Anfang und das End ist unklar, oben Schaum,
Hef' unten, klarer Wein ist in dem Mittelraum.

237.

Wie gegen Morgen, wann die Nacht die Macht verlor,
Allmählich dünner um die Sinne wird der Flor

Des Schlummers, der dir hat die Außenwelt verhängt,
Daß sie nun ein zu dir sich durch die Ritzen drängt;

Und heller hinterm Flor schon das Bewußtsein dämmert
Von dem, was gegen Ohr und Auge dumpf dir hämmert;

Des Wachens Bildertanz dem Traumgestaltenchor
Sich mischt, bis dieser ganz in jenem sich verlor:

So gegens Ende, wann die Macht verliert das Leben,
Und sich der Schleier will von einem Jenseits heben,

Trist in dies Traumgewirr, das schon verworrner kreist,
Von höhrem Wachen auch ein halbverhüllter Geist;

Daß mit dem Seelenaug und mit dem Herzensohr
Du siehest, hörst, was du nicht hörtest, sahst zuvor.

Dann überhöre nicht die leisen Ahnungen,
Von reinerm Ton und Licht die fernen Mahnungen;

Von einem Licht, das sich mit diesem nicht verträgt,
Von einem Hauch, wodurch sich dieser Rauch zerschlägt;

Von Morgenluft, die macht den Duft der Nacht zerrinnen,
Vom Gruß, daß nun Verdruß muß und Genuß von hinnen.

Dann träum noch aus geschwind den Traum, der dich ergötzt,
Froh, daß er so gelind sich um ins Wachen setzt.

238.

Entraffe dich dem Schlaf, er wirkte nichts als Träume,
Du bist berufen wach zu wirken durch die Räume.

Der große König, der den Orient bezwungen,
Hielt schlummernd mit der Hand die Kugel stets
      umschlungen.

Die Erde selbst, um die das Kriegsspiel er gespielt,
Stellt jene Kugel vor, die in der Hand er hielt.

Und drunten unter Hand und Kugel stand ein Becken,
Das, wenn die Kugel siel, mit Klang ihn mußte wecken.

Sie fällt, der Erzklang weckt, der König wacht und sieht
Erschrocken, wie im Traum die Welt der Hand entflieht.

239.

Oft geh ich durch die Flur, mein Auge still zu weiden,
Als wie ein Hirt sein Lamm auf überblümten Heiden.

Dann frag ich mich, was ich die Blumen sonst gefragt,
Und sage mir, was sonst die Blumen mir gesagt.

Von der ich einen Gruß empfangen hab im Winde,
Ihr Blumen, saget mir, wo ich die Liebe finde.

Geh suche nur! Sie ist wie Kindes Festbescherung,
Von Mutter auf der Flur versteckt in Blumumwehrung.

Neugierig schaut ich da in alle Blumenwiegen
Und glaubte sie wie Tau in jedem Kelche liegen.

Und da wo ich sie fand, da stellten sich im Kreise
Die Blumenchöre auf, mit mir zu beten leise.

Die Blumen frag ich nun: Wo ist sie hingekommen?
Und leise sagen sie: Den Strom hinabgeschwommen.

So schwimme nur den Strom, auch du, o Trän', hinab,
Und wo du treibst ans Land, dort ist der Liebe Grab.

Dort melde mich der Lieb und sage: Bald wird kommen
Die müde Sehnsucht auch und sei hier aufgenommen.

Und wo die Sehnsucht ruht da stellet euch im Kreise,
Ihr Blumenchöre, auf, und betet ob ihr leise.

240.

Die Leier immer hängt gestimmt in meiner Klause,
Und wartet, welch ein Sturm durch ihre Saiten brause.

Bald ist's des Himmels Sturm, der die Akkorde greift,
Und bald des Dichters Geist, der sie im Fluge streift.

Wenn du, o Sturm der Nacht, aufspielest, hör ich zu:
Und bist du müd, und ich will spielen, höre du!

Geheimnisse der Nacht hast du mir vorgesungen,
Nun hör ein Lied aus Menschenbusensdämmerungen.

241.

Der heilige Kebir sah eine Mühle drehn,
Und weinte, daß kein Korn da ganz hindurch kann gehn.

Er weint ums Körnlein nicht, er weint ums Weltgeschick,
Das tausend Leben so malmt jeden Augenblick.

242.

Wenn du die Menschen siehst, mein Sohn, an einem Platze
Versammelt, und sich freun wie an gefundnem Schatze;

So frage nicht, worin mag dieser Schatz bestehn?
Sie freuen sich, daß sie einander freun sich sehn.

So magst du immer auch dich freun, daß sie sich freuen;
Und laß dich das gesehn zu haben nicht gereuen.

243.

Welch eine Kunst du lernst, so lang du lernend bist,
Wird Halbgelungnes selbst dich freuen lange Frist.

Je mehr dann Meisterschaft sich wird dem Werk verbinden,
Je kürzer wird die Luft daran zusammenschwinden.

Was erst aus Wochen hielt, hält bald nur noch auf Tage,
Bald, was auf Tage, kaum noch Stunden in der Wage.

Am Ende fühlest du ein Glück, das so entspringt,
Nur noch im Augenblick, wo dir das Werk gelingt.

Dann bleibt kein andrer Rat, als Arbeit früh und spät,
Weil nur das Tun dich freut, nicht die getane Tat.

Darum nicht klage du, und schaff nur immer zu!
Die Schöpfung selber schafft deswegen spat und fruh.

244.

Was wird nun dieser Tag, der heutige, dir bringen?
Was wird er lassen dir gelingen und mißlingen?

Was wirst du Schönes sehn, was wirst du Wahres denken?
Wohin wird Geist und Sinn sich heben und sich senken?

Was er auch bringen mag, du sammle den Ertrag!
Ein jeder Tag ist für den Geist ein Erntetag.

245.

Die Seelen alle sind umher gestellt im Kreise,
In dessen Mitte ruht die Gottheit winkend leise.

Die Punkte, die da sind die Seelen, all in Regung,
Sind um den Mittelpunkt in ewiger Bewegung.

Sie können, wie sie nah sich aneinander schließen,
Sich doch berühren nicht, noch ineinander fließen.

Von jedem Punkte ist zur Mitt' hineingeführt
Die Linie, womit an Gott die Seele rührt.

Der umgekehrte Strahl, der, wie er ausgegangen
Vom Mittelpunkt, dahin zurück trägt ein Verlangen.

Die Strahlen strahlen all im Mittelpunkt zusammen
Und werden eins in dem, aus dem sie alle stammen.

Die Seelen all in Streit und unter sich entzweit,
In Gott nur haben sie Einheit und Einigkeit.

Nur die Berührung, die sie in der Gottheit finden,
Kann die getrennten im Gefühl der Liebe binden.

Und welche Seele nicht zur andern Liebe spürt,
Der fehlt die Linie, die an die Gottheit rührt.

246.

Wer alles mag in Gott, in allem Gott befrachten,
Hat keinen Grund, ein Ding groß oder klein zu achten.

Wie sollte scheinen ihm ein Allergrößtes groß,
Da es ein Kleinstes ist, vom Einziggroßen bloß.

Wie dürfte gelten ihm das Allerkleinste klein,
Da mit dem Größten es hat Gottes Geist gemein?

Nach deiner Einsicht nur erhebest du zumeist
Das, was am klarsten dir abspiegelt Gottes Geist.

Je höher aber selbst wird deine Einsicht steigen,
Je klarer wird der Geist in allem dir sich zeigen.

Des Bösen Schein ist's, was des Guten Glanz verhält;
Zerstör das Bös in dir, so siehst du gut die Welt.

247.

Der Baum merkt nicht die Last, hält drauf der Vogel Rast;
Doch fliegt der Vogel weg, so schwankt davon der Ast.

So fühlst du nicht die Luft, die wohnt in deiner Brust;
Doch wenn sie dir entfliegt, so fühlst du den Verlust.

So merkt, was einer strebt, die Welt nicht, weil er lebt;
Sie merkt es dann vielleicht, wenn man den Mann begräbt.

Der Zweig erschüttert bebt dem Vogel, der entschwebt;
Fest steht der Stamm, indes der Zweig sich senkt und hebt.

248.

Gleich gut in guter Zeit geht's Dummen wie Gescheiten,
Weit besser diesen doch, wann kommen böse Zeiten.

So lang im Tümpel frisch das Wasser war, da schlüpfte
So froh darin der Fisch, als wie der Frosch drin hüpfte.

Doch als verräterisch in Sommerglut erlosch
Die Flut, kam um der Fisch, und weiter sprang der Frosch.

Drum klage nicht ein Mann, wenn Nahrungsquellen
      schwinden,
Der leicht wo anders kann ein Unterkommen finden.

249.

Ein Tempel Gottes hat sich die Natur gebaut,
Worin er tausendfach geahnt wird und geschaut.

Als Tempeldiener gehn hindurch die Jahreszeiten,
Die bunten Teppiche am Boden hinzubreiten.

Strahlend im höchsten Chor lobsingen Sonn und Sterne,
Der Abgrund und das Meer antworten aus der Ferne.

Das Mistelfeuer glüht am ew'gen Opferherde,
Und alles Leben naht, daß es das Opfer werde.

Als Opferpriester kniet der Geist an viel Altären,
Die er mit Bildern schmückt, und sucht sie zu erklären.

In viele Hüllen hat die Fülle sich verhüllt,
Doch von der Fülle nur ist jede Hüll erfüllt.

Und wo der Geist vermag hinweg der Selbstsucht Schleier
Zu heben, sieht er hell darunter Gottes Feier.

Und Gottes Atem geht ein Morgenhauch durchs Schiff,
Einsammelnd jeglicher Verehrung Inbegriff.

Sein Lächeln streuet Duft in trüber Inbrunst Glimmen,
Sein Säuseln Einigung in widerstreit'ge Stimmen.

Aus jedem Opferrauch nimmt er das feinste Korn,
Den reinsten Tropfen auch aus jedem Andachtsborn;

Aus jedem Wortgebet den ihm bewußten Sinn:
Er selbst legt ihn hinein und findet ihn darin.

Dann will er auch den Sinn der Sinnenden entfalten,
Daß immer würdiger sie ihm die Feier halten;

Daß die gebundnen frei zu höhrer Wonn aufgehn;
Denn das ist seine Lust, der Schöpfung Lust zu sehn.

250.

Die Seelen waren in der Weltseel einst beisammen,
Wie Tropfen in dem Meer, als wie im Feuer Flammen.

Den Weltleib halfen sie beseelen und beleben,
Von ihnen keiner war ein eigner Leib gegeben.

Sie aber wünschten nun ein eigenes Gebiet,
Darin zu herrschen, wie der eigne Trieb es rief.

Und abgegrenzet ward ein Weichbild so für jede,
Daß zwischen ihnen nicht Verwirrung werd und Fehde.

Nun wirkt gesondert jed in ihrem eignen Leibe,
Wie mit der Weltseel einst in Sonn- und Mondenscheibe.

Die Sonn- und Mondenscheib ist nicht dadurch
                verglommen,
Doch schöne Glieder find zum Vorschein hier gekommen.

Darum gesegnet sei der Seele Trieb, zu walten
In einem Leib und schön das Ird'sche zu gestalten.

Sie möge siegreich nun ihr kleines All verklären,
In Einklang haltend es mit Sonn- und Mondensphären.

251.

Ich habe doch genug des schönen aller Art
Auf dieser eiligen Vorüberfahrt gewahrt,

Auf dieser eiligen Vorüberfahrt durchs Leben,
Genug, den Menschengeist über die Welt zu heben;

Genug des Göttlichen im Menschenangesicht,
Im Spiegel der Natur und Dichtung Zauberlicht.

Und wenn es mehr nicht war, so war es meine Schuld;
Und daß es soviel war, ist Gottes große Huld;

Die Strahlen jener Huld, die selbst das Aug erschließen,
Das eigensinnig sich dem Lichte will verschließen;

Den Augendeckel rührt der Himmelkuß gelind:
Sieh, das ist Gottes Welt und du bist Gottes Kind.

252.

So lang des Schönen Hauch nicht so dich auch durchwittert,
Daß jede Saite rein in seiner Ahnung zittert:

Daß allen Erdentand sein Himmelsglanz entflittert
Und jedes Götzenbild sein Gottesblitz zersplittert;

Unheil'ges all ausschließt, Allheiligstes entgittert,
Den Rauch der Luft entsüßt, des Todes Kelch entbittert;

So lang hast du die Höhn des Schönen nicht gekannt,
So lange hast du schön ein Schattenbild genannt.

Das Schöne muß dich ganz durchleuchten und durchtönen,
Durchhauchen und durchblühn, durchscheinen und
   durchschönen,

Durchströmen und durchwehn, durchrauschen und
   durchdröhnen,
Und machen lieblich schön dein Jauchzen und dein
   Stöhnen:

Dann hast du hoch und hehr des Schönen Spur erkannt,
Dann hast du schön nicht mehr sein Scheinbild nur genannt.

Komm, laß erst unsern Rauch in seinem Hauch verklären;
Dann seine lichte Macht der blinden Nacht erklären.

Laß als ein Wahres erst das Schön an uns bewähren,
Dann das Gewahrte auch der Welt zum Schaun gewähren!

Du sollst in seinem Dienst, ein Priester jung-alt, Ähren
Und Blüten streuend, weihen viel Herzen zu Altären;

253.

Zu lernen halte nur dich nie zu alt, und lerne
Von denen, die von dir gelernt, nun wieder gerne.

Sie haben manches wohl, was dir aus schlaffern Falten
Indes entfallen, fest in strafferen gehalten;

Gebildet manches aus, was du nur angelegt,
Zu Blut und Frucht gebracht, was du nur angeregt.

Nimmst du von ihnen nun, was sie von dir genommen,
So hast du schöner dich verjüngt zurückbekommen.

254.

Die besten Fechter sind im Kampf gefallen immer;
So wie ertrunken meist im Strom die besten Schwimmer.

Warum? Weil in den Strom sich nur ein Schwimmer wagt,
Und nur ein Fechter nicht vorm Spiel der Waffen zagt.

So reizend ist Gefahr, daß, wer nur halb sie kennt,
Sich gleich in sie verliebt und zu mit Lust ihr rennt;

Wer aber nicht sie kennt und nie sie hat versucht,
Sie scheuet und sich ihr entzieht mit feiger Flucht;

Und nur die Weisesten die rechte Mitt erzielen,
Weder Gefahr zu scheun, noch mit Gefahr zu spielen,

255.

Drei Stufen sind es, die der Mensch empor muß streben,
Um sich vom dunklen Ich zum lichten zu erheben.

Zuerst tritt aus dir selbst ins Leben rings um dich,
Und freue dich daran, wie alles freuet sich.

Dann gib den Kummer auf, daß alles rings verfällt,
Und freu dich, daß sich jung die Welt im ganzen hält.

Dann laß dies Ganze selbst zurück ins Ew'ge schwinden,
Dort erst wirst du dich ganz im großen Ich empfinden.

256.

Laß uns besonnen sein! Wir waren unbesonnen,
Darüber ist die Frist des Lebens fast verronnen.

Bedenken wir es recht! Wir sannen Eitlem nach,
Das gab dem kranken Sinn kein Heil, das ihm gebrach.

Laß uns bescheiden sein! Wir waren unbescheiden,
Und wollten neben uns nicht gleichen Anspruch leiden.

Bedenken wir es recht, bescheiden uns damit,
Daß selber neben sich manch Besserer uns litt.

Laß uns zufrieden sein! Wir waren unzufrieden,
Daß uns nicht mehr, als wir verdienten, war beschieden.

Bedenken wir es recht! Man räumt noch mehr uns ein,
Als uns gebührt, und gnug, zufrieden auch zu sein.

257.

Von allem was ein Mann an Gut der Welt gewann,
Hat er nur so viel selbst, als er genießen kann.

Das andre hat er nicht, das er nur wird verschließen;
Doch wem er's gibt, mit dem wird er auch das genießen.

258.

Was dir mißlang, wirf weg, wenn du ein Meister bist;
Und wenn dich's reut, so laß es gut sein, wie es ist.

Nur müh dich nicht umsonst, es bessernd umzuschaffen;
Denn während hier du fugst, wird es dort wieder klaffen.

Aus dem Talmud

1. Wer seinen Freund beschämt, hat Menschenblut
     vergossen,
Das Blut, das sein Gesicht schamrötend überflossen.

2. Wer das für andere von Gott erfleht, was er
Selbst nötig hat, dem gibt Gott selber es vorher.

3. Was du hier Gutes tust, das ist dort angelegt
Als Kapital, das hier dir nur die Zinsen trägt.

Und sollt es Zinsen dir in einer Zeit nicht tragen,
So werden sie dir nur zum Kapital geschlagen.

4. Das Feuer brennt nicht hell an einem Scheit allein;
Lerneifer zündet erst sich an durch Lernverein.

Je mehr das Kälbchen saugt, je mehr das Euter quillt;
Je größre Lernbegier, je lieber man sie stillt.

Vom Lehrer fing ich an, vom Mitgelehrten fuhr
Ich fort zu lernen, aus lernt ich vom Lehrling nur.

5. Auf alle Münzen, die in seinem Lande schlägt
Ein Fürst, ist immer nur das gleiche Bild geprägt.

Dagegen Gottes Kunst ist viel erfindungsreicher,
Verschieden alle prägt sein Stempel aus, sein gleicher.

Du nimmst die Münze, wie der Fürst sie hat geprägt;
Nimm auch den Menschen an, der Gottes Bildnis trägt!

Du nimmst die Münze noch, wenn ihr Gepräg erlischt;
Nimm auch den Menschen, wenn das Bild ist halb verwischt.

260.

Wer hier ein Übel tut, der tut es sich allein,
Denn für das Ganze kann es nur ein Gutes sein.

Und nicht fürs Ganze nur ist es notwendig gut,
Für den auch, dem's geschieht, nur nicht für den, der's tut.

261.

Je Höheres du aus dem Höchsten sagen magst,
Je tiefer fühlst du, daß du nichts im Grunde sagst.

Magst du's mit reichstem Schmuck der Phantasie bekleiden,
Mit feinster Sondrung auch vom Irdischen ausscheiden;

Dort magst du Geistiges zu leiblicher Erscheinung
Und hier das volle Ja zur leeresten Verneinung.

Was anders also kannst du tun, als dich bequemen,
Jetzt dies zu setzen und es dann zurückzunehmen?

Was alles du von ihm machst sagen, daß es sei,
Es ist nicht, was du sagst, doch was du fühlst dabei.

262.

Du siehst, Unsichtbarer, du hörest, Unvernommner!
Sehn, Hören wird durch dich vollkommen, Allvollkommner.

Die Unvergänglichkeit, Vergänglichen inwohnend,
Und Uranfänglichkeit, hoch überm Wechsel fronend.

Der Seelen Seele du, Gedanke der Gedanken,
Umfaßt von keines Raums und keines Denkens Schranken.

Dir geht die Wissenschaft vorbei auf dunklen Bahnen,
Und um dein Urlicht schwebt der Andacht sel'ges Ahnen.

263.

Woher du kamest nicht und nicht wohin du gehst,
Die Stelle kennst du nur zur Not, wo nun du stehst.

So kennst du von der Welt, vom allgemeinen Leben
Auch End und Anfang nicht, nur kaum der Mitte Schweben.

Sie geht nach einem Ziel, doch scheint es zu entweichen,
Du gehst nach einem auch, doch wirft du's nie erreichen,

Je höher auf du klimmst, je höher steigt die Leiter;
Je weiter spielt die Zeit, dehnt sich der Spielraum weiter,

So bleibt dir und der Welt statt alles Zielerringens
In jedem Nu nur dies Gefühl des Vorwärtsdringens.

Schad auch um euch, wenn ihr das Ende je gewönnet,
Ihr Endlichen, die ihr kein Ende denken könnet!

264.

Was ist der Raum? die dir vom Sinn gesetzten Schranken.
Was ist die Zeit? der Fluß der Ding und der Gedanken.

Allgegenwart des Orts, Allgegenwart der Zeit,
Wo ruht von hier und dort, von jetzt und einst der Streit?

In Gott, wo alles ruht, wo einst die Zeit geruht,
Eh in des Raumes Bett hervorbrach ihre Flut.

Und wo in Gott dich senkt Entzückung oder Traum,
Da steht dir still die Zeit und gibt dich frei der Raum.

265.

Wohl ärgern dumpfen Sinn des Geistes Widersprüche,
Dem feinern aber sind sie duft'ge Wohlgerüche,

Denn in der Endlichkeit tut nur durch Widerspruch
Unendlichkeit sich kund, wie Segen in dem Fluch.

Die höchsten Dinge, die dein Denken nie kann denken,
Gerad auf diese muß sich stets dein Denken lenken.

Was du erkennest als unwesenhaften Schein,
Bekennest du zugleich als wesenhaft allein.

Und was als Wirklichkeit dir steht vor allen Sinnen,
Macht in Unwirkliches der höchste Sinn zerrinnen.

Nur wenn du so zugleich bejahest und verneinest,
Fühlst du, daß im Gemüt du Gott und Welt vereinest.

266.

Kein Irrtum, hinter dem nicht eine Wahrheit steht,
Kein Schatten, der nicht aus von einem Lichte geht.

Und wie der Schatten selbst dich wird zum Lichte leiten,
So auf des Irrtums Spur magst du zur Wahrheit schreiten.

267.

So wahr in dir er ist, der diese Welt erhält,
So wahr auch ist er in, nicht außerhalb der Welt.

Doch in ihm ist die Welt, so wahr in ihm du bist,
Der nicht in dir noch Welt, nur in sich selber ist.

So lang du denken nicht die Widersprüche kannst,
So denke nicht, daß du durch Denken Gott gewannst.

268.

Der ew'ge Dreiklang, der das irdische Getöse
Mit leiser Macht durchgreift, daß er's in Einklang löse;

Der heil'ge Dreiklang, den du ewig mußt erkennen,
Wie immer du ihn magst mit Wechselnamen nennen;

Den: Gott, Gemüt und Welt, am einfachsten genannt,
Wer rein das Göttliche am menschlichsten erkannt;

Die drei, die Eines sind und also sich ergänzen,
Daß sie sich gegenseits erfüllen und begrenzen,

Durchdringen und beziehn, begründen und erklären,
Und selbst nicht wären, wenn sie nicht verbunden wären.

Komm laß uns, um in uns den Zwiespalt zu versöhnen,
Mit dem Dreieinklang ganz durchklingen und durchtönen:

Die Welt und dein Gemüt, sie würden dich zerreiben,
Wenn nicht vermittelnd Gott sie hieß im Einklang bleiben.

Gott aber und die Welt, sie wären ganz geschieden,
Wenn sie nicht dein Gemüt geglichen aus in Frieden.

Doch Gott und dein Gemüt, sie würden sich vermischen
Im Innern, stände nicht die äußre Welt dazwischen;

Die Welt, die dem Gemüt Gott so verbirgt wie zeigt,
Durch die es ewig auf, er ewig nieder steigt.

269.

Das Ärgste drohet nicht der Welt von Geld und Gut,
Wo nur der Einzelne dafür Unwürd'ges tut.

Das Ärgste drohet da, wo es soweit gekommen,
Daß es zum Maßstab wird für jeden Wert genommen.

O danke Gott, daß du in einem Winkel stehst,
Wo dieser schrecklichsten Versuchung du entgehst,

Wo jeder zwar für sich nach eitlen Gütern trachtet,
Doch der verachtet noch nicht ist, der sie verachtet.

270.

Wer gegen seine Zeit ankämpfet, hat verloren
Die Müh', gewonnen nur den Namen eines Toren.

Doch zur Entschädigung die Folgezeit mag preisen
Den zeitlich Törichten vielleicht als ewig Weisen.

271.

Empfindung ist vom Ding ein Zeichen, von Empfindung.
Ein Zeichen war das Wort in erster Spracherfindung.

Nun ist ein Zeichen vom Begriff das Wort allein.
Und die Empfindung fügt sich nur notdürftig drein.

Des Dinges Leben hat sich aus dem Wort verloren,
Wie die Empfindung zum Begriff sich umgeboren.

Wenn er zu höherer Empfindung sich erhebt,
Dann ist mit dem Begriff wieder das Wort belebt.

Kein totes Zeichen ist, kein Bild vom Ding das Wort,
Es ist im Geist das Ding, des Geistes Zauberwort.

Des Dinges Wesen selbst ist in das Wort gebannt;
Geschaffen ist das Ding, sowie das Wort genannt.

Laßt uns, eh wir durchs Wort das Wesen schaffen können,
Der Zaubrin Phantasie Scheinbilderschöpfung gönnen!

272.

Nicht alles kann der Mensch mit offnen Augen sehn,
Doch manches will und muß durchs Auge nur geschehn.

Dem was sich sehen läßt, schließ nicht die Augen zu;
Und was sich nicht läßt sehn, im Herzen hege du.

Gleich übel ist es, statt zu sehn, Sichtbares träumen
Und Unsichtbarem kein Gebiet und Recht einräumen.

273.

Ein Wunder wird der Mensch empfangen und gezeugt,
Ein Wunder lebt er, wird geboren und gesäugt.

Ein Wunder wächst er, hört und sieht, und fühlt sein
        Wunder,
Ein Wunder, daß er denkt, und was er denkt ein Wunder.

Ein Wunder steht er da in aller Wunder Mitte,
Und Wunder gehn ihm vor und nach auf Tritt und Schritte.

An Wunder wird er so allmählich unwillkürlich
Gewöhnet, daß sie ihm erscheinen ganz natürlich.

Und wunderbar erscheint ihm Ungewohntes nur,
Der unverwundert sieht das Wunder der Natur.

274.

Ich saß am Baum und schrieb, und weil ich stille war,
Wagte sich scheu heran ein Tierlein hie und dar.

Vorsichtig spähend schlich ein Eichhorn übern Zaun;
Als ich die Hand erhob, wich es zurück mit Graun.

Ein Vöglein wiegte sich hoch im Gezweig und sang;
Als ich das Haupt erhob, entflatterte es bang.

Ein Schlängchen schlängelte durch Gras und Gries herbei;
Ich hob den Fuß, es floh, als ob ich giftig sei.

O Mensch, Herr der Natur und Schreck, Tyrann unhuldig
Unschuld'ger Kreatur, du selber nicht unschuldig!

275.

Den Spruch: Erkenne dich! sollst du nicht übertreiben;
Laß immer unbekannt dir in dir etwas bleiben.

Den Grund, aus welchem quillt dein Dasein, mußt du fühlen;
Zerstören wirst du ihn, wenn du ihn auf willst wühlen.

Die reine Quelle wird, frech aufgewühlt, ein Sumpf;
Nicht wer sich nicht erkennt, wer sich nicht fühlt, ist dumpf.

276.

Was sucht ihr, Reisende, in des Gebirges Schanzen?
Was, erster, suchest du? »Ich suche Stein' und Pflanzen.«

Und reichlich findest du. Was suchest du, o zweiter?
»Ansichten, Landschaften.« Hier sind sie ernst und heiter.

Was, dritter, reisest du? »Die Reise zu beschreiben.«
Auch gut, doch könntest du wohl etwas bess'res treiben.

Und endlich, vierter, du? »Ich reise zum Vergnügen.«
Warum doch sagst du das mit mißvergnügten Zügen?

Mit allem wird von selbst Vergnügen sich verbinden;
Vergnügen aber, das man sucht, ist nicht zu finden.

277.

»Du sahst die Leute nur, gesteh's, von einer Seite,
Der guten; sieh genau, so zeigt sich bald die zweite.«

Mag sein! Doch war ich froh, daß sie die gute hatten;
Von selber freilich ist bei jedem Lichte Schatten.

Doch selber das beweist des Lichtes stärke ja,
Daß ich vor seinem Glanz die Schatten übersah.

278.

Was man zum Guten wie zum Bösen deuten kann,
Nimm, sei's zum Bösen auch gemeint, zum Guten an.

279.

Tu nur, als wissest du, um dir die Scham zu sparen,
Was du nicht weißt; und so wirft du es nie erfahren.

280.

Die Poesie ist Gold; ein weniges vom holden
Metall, mit Kunst gedehnt, reicht Welten zu vergolden.

281.

Ein Knabe lernt nur von geliebten Lehrern gerne;
Du aber sei ein Mann, auch von verhaßten lerne!

282.

Wo es drei Heller tun, da wende vier nicht an,
Und nicht zwei Worte, wo's mit einem ist getan.

283.

Wenn du den Mut nicht hast, die Guten selbst zu tadeln,
Ein Mittel sag ich dir: Du mußt die Schlechten adeln.

284.

Ein Irrtum weggeräumt gibt einen wahren Satz;
So durch Irrtümer selbst wächst stets der Wahrheit Schatz.

285.

Umsonst ist jedes Werk, das du hervorgebracht,
Wenn du dich selber nicht zum Kunstwerk hast gemacht.

286.

Die Dichtung geht der Zeit voran und hinterdrein,
In der Vergangenheit zeigt sie der Zukunft schein.

287.

Die Überlegung zeigt das Bessere von zwei'n,
Zum an sich Guten treibt ein inn'rer Trieb allein.

288.

Das Gute tust du nicht, um zu empfinden Lust;
Die Luft empfindest du, weil du das Gute tust.

289.

Was er geworden ist, genüget nie dem Mann;
O wohl ihm, wenn er stets nur werden will und kann.

290.

Der Teufel hat die Welt verlassen, weil er weiß,
Die Menschen machen selbst die Höll einander heiß.

291.

Wenn du den Bettelsack einmal hast umgehangen,
So streck die Hand auch aus, die Gabe zu empfangen.

292.

Das Wort des Mannes ist von seiner Seel ein Teil;
So wenig ist sein Wort als seine Seele feil.

293.

Das ist kein Glück, was ich mit Herzblut muß erkaufen;
Glück ist, was zu mir kommt und läßt nach sich nicht laufen.

294.

Und wenn Gott jeden Wunsch den Menschen läßt erwerben,
So bleibt zuletzt ihm nichts zu wünschen, als zu sterben.

295.

Aus bittern Meeren zieht die Sonne süßes Wasser,
So zieh auch Liebe du aus Herzen deiner Hasser.

296.

Wer täglich sammeln muß mit Sorgen seine Nahrung,
Der sammelt nie den Geist, doch sammelt er Erfahrung.

297.

Maulesel ward gefragt: Wer ist dein Vater, sprich?
Mein Oheim, sprach er, ist Herr Hengst, was fragt ihr
              mich?

298.

Im Blick des Bettlers ist die Bitte vorgetragen;
Verstehst du nicht den Blick, was soll der Mund dir sagen?

299.

Der milde Mann, wie Gott zu spenden seine Gaben,
Will keinen Grund, er will nur einen Anlaß haben.

300.

In der natürlichen Religion geboren
Wird jeder Mensch, und nie geht sie ihm ganz verloren.

Ihm angezogen wird ein äußres Glaubentum,
Das nimmt im Leben er wie einen Mantel um.

Er trag es, weil er lebt; im Tode legt er's ab,
Da bleibt der Glauben ihm, den Gott ihm selber gab.

301.

O Väter, Mütter, o Erzieher, habet acht
Des wichtigen Berufs, wie groß ist eure Macht.

Der Menschheit Aufgab ist, die Menschheit zu erziehn;
Bedenkt, daß euch daran ein Anteil ist verliehn.

O wirkt gewissenhaft dazu an euerm Teil,
Damit der Menschheit komm ihr Heiland oder Heil.

Betrachtet jedes Kind mit Ehrfurcht, denn geheim
Kann sein in jedem ja des neuen Heiles Keim.

Das Heil, ob es Gestalt des einzlen angenommen,
Ob es als Ganzes komm, es wird das Heil uns kommen.

302.

Weil du dich allerdings zu höhern fühlst berufen,
Beklagest du, o Mensch, die stehn auf niedern Stufen;

Als ob Stein, Pflanz und Tier tot oder taub und blind,
Unglücklich müßten sein, weil sie wie du nicht sind.

So hörest du das Tier wie nach Erlösung stöhnen,
Hörst Weh- statt Wonnelaut in Nachtigallentönen,

Selbst einen Seufzerhauch im Frühlingsflüsterhain,
Und einen Schmerzensklang aus jedem Erz und Stein,

In dem, was ihn nicht fühlt, ist nicht der Widerspruch,
Er ist in dir, du selbst belegst die Welt mit Fluch.

Je mehr du in dir selbst zum Einklang bist gekommen,
Je mehr wird er von dir auch außenher vernommen.

Befreie dich, o Mensch, vom Halben, Falschen, Bösen,
Und die gebundene Natur wird Gott erlösen.

303.

Ihr meine Teueren, wo seid ihr hingekommen?
Dort in die Ewigkeit verewigt ausgenommen.

Doch in der Zeitlichkeit ist eure Spur verschwunden?
Nein, tief in meinem Sein, in meinem Sinn gebunden.

Bedeutend innere Denkmale meines Lebens!
Wärt ihr auch dieses nur, ihr wäret nicht vergebens.

Was wirkend nun mein Sinn nach außen mag entfalten,
So seid ihr mit darin, wie in mir selbst, enthalten.

304.

Daheim im stillen Haus die Seele war befangen,
Derweil der Geist hinaus war in die Welt gegangen.

Die Körperwelt hindurch drang er zur Geisterwelt,
Und dachte kaum zurück zur Seel im stillen Zelt.

Doch als er durch die Welt gekommen war ein Stück,
Nahm mit dem Reis'ertrag er seinen Weg zurück.

Er kam und fand die Seel am Webstuhl eingeschlafen,
Und mit erzürntem Wort begann er sie zu strafen.

Mit Seelenruhe doch die Seele sich erhob
Und lächelte: Sieh her! Ich schlief nicht, sondern wob.

Er sah; gewachsen war im Schlaf das aufgezogene
Gewebe wunderbar; so glaubt ihr der Betrogene.

305.

Am besten tust du, still Lehrmeinungen zu hören,
Ohn im Gedankengang den Meinenden zu stören.

Die inn're Wahrheit macht dein Einwurf nur zunicht,
Die jede Lehre hat und jegliches Gedicht,

Die Fäden hinderst du, lebendig sich zu schlingen,
Zusammenhangendes Geweb hervorzubringen.

Doch bildender für dich, als an sich selbst die Meinung,
Ist des Zusammenhangs erfreuliche Erscheinung.

306.

Sieh, wenn du willst ein Bild von deiner Freiheit haben,
Was Menschenwillkür kann auf Erden bau'n und graben.

Man baut, so hoch man will, man gräbt, so tief man kann,
Der Erde Gleichgewicht nimmt keinen Schaden dran.

So wirkst du völlig frei in deinem Wirkungskreise,
Und bringst den Gang der Welt dadurch nicht aus dem Gleise.

Des Künstlers große Kunst ist dies, daß sich ergebe
Aus soviel Freiheit ein Notwendigkeitsgewebe.

307.

Wie schwer ist der Begriff von etwas zu erlangen;
Am schwersten aber wird der von uns selbst empfangen.

Drum wenn du von dir selbst hast den Begriff, so halt
Ihn fest, es raube dir ihn keinerlei Gewalt.

Nicht blöder Mißverstand, noch teilnahmloser Frost
Beschädige des Selbstbewußtseins edlen Trost.

Frisch wisse gleich dem Baum, dem wintersturmentlaubten,
Auf bess're Zeit den Trieb im Innern zu behaupten.

308.

Zwei scheinen sich so nah und kommen nie zusammen;
Zwei andre finden sich, die aus der Ferne stammen.

Was ist's? Wie Linien verhalten sich die Seelen;
Zwei haben Neigungen, zwei bilden Parallelen.

Gleichgültig laufen die stets aneinander hin,
Jene begegnen sich zuletzt in einem Sinn.

309.

»Halt an! Das war ein Sprung; wie reimt sich das zusammen?
Die Gründe seh ich nicht, daraus die Folgen stammen.

Wenn ich dir folgen soll, so mußt du Schritt vor Schritt
Sein schreiten und auch mein Verständnis nehmen mit.«

Nun, wenn geschritten nicht, so war es denn gesprungen;
Ein Sprung, was schadet er, wenn er uns ist gelungen?

Ohn einen Sprung von dort wird's nicht herüber gehn;
Wenn du nicht springen willst, so bleib nur drüben stehn.

310.

Das Denken, das sich treibt in ungemessnem Gleise,
Hat nirgend Ruh, als wo sich's rundet still im Kreise.

Ob enger solch ein Kreis, ob weiter sei, ist gleich;
Der Geist im engsten wohlverschloss'nen fühlt sich reich.

Doch fühlt er reich sich nur auf einen Augenblick,
In neue Kreise treibt ihn ewig sein Geschick.

Und volle Ruhe wird vom Denken nur gefunden,
Wo es in einen Kreis vermag die Welt zu runden.

So lange scheinen wie Planeten irr zu gehn
Gedanken, bis bewußt sie eine Sonn umdrehn.

Um eine Sonne drehn sich meine lange schon,
Die ihnen nur verhüllt ist aus dem Mittelthron.

311.

An einem Bache steht ein junger Rosenstrauch.
Und wiegt sein blühendes Gezweig im Frühlingshauch.

Die Wurzel streckt er tief, kühl in die Flut hinein,
Und wandelt, was er saugt, in roten Wangenschein.

Und wenn den Purpurglanz abbleichte Sonnenglut,
Die welken Blätter streut er wieder aus die Flut.

Froh sieht er aus der Flut die welken schwimmen nieder,
Und sauget wohlgemut für frische Rosen wieder.

Am Abend flüstern ihm Betrübtes Lüfte vor;
Doch er, in Duft gehüllt, leiht ihnen kaum ein Ohr.

Sie flüstern: Ach, der Bach, der so dich scheint zu laben,
Wird wühlend nach und nach den Grund dir untergraben.

Wohin du froh ergötzt wirfst deine Blüten jetzt,
Dahin entsinkest du mit deinem Stamm zuletzt.

Darauf der Strauch im Traum mit süßem Lächelduft:
Wohl blüht des Lebens Baum nur auf des Todes Gruft.

Drum lasset wohlgemut der kühlen Flut mich trinken,
Bis ich werd in der Flut ertrinken und versinken.

Laßt mich nur blühn, damit, wenn ich hinunter soll,
Hinunter ich im Strom noch schwimme rosenvoll.

312.

Nur das, wie klein es sei, was du in dir erlebest,
Ist wert, daß du dem Nachbar Kunde gebest.

Denn nichts wie dieses ist der Geister Liebesnahrung:
Treu untereinander ausgetauschte Herzerfahrung.

313.

Nicht sein Anliegen kann man stets dem Freunde sagen,
Dem Freunde kommt es zu, dem Freund es abzufragen.

Der ist nicht sehr ein Freund, dem es nicht wichtig wiegt,
Das zu erfahren, was dem Freund am Herzen liegt.

314.

Laß dich, Unwürdigen zu geben, nicht verdrießen!
Das ist ein Vorwand nur, um karg die Hand zu schließen.

Unwürdig deiner Gab ist keiner, der's bedarf;
Wer ist, der, außer Gott, ihn schuldig sprechen darf?

Sprich lieber: Hat er sich verstrickt durch seine Schuld,
So will ihn nun durch mich entbinden Gottes Huld.

Auch sage nicht: Was hilft's, daß ich ihm helf empor?
Er liegt im Augenblick so elend wie zuvor.

Erlieg' im Augenblick er wieder dem Geschick,
Aushalfest du ihm doch für einen Augenblick!

315.

Wenn Freiheit du begehrst, des Menschen höchste Zierde,
Herrsch über Leidenschaft und Neigung und Begierde.

Doch bilde dir nicht viel auf diese Herrschaft ein;
Des freien Willens Stolz ist Gott gehorsam sein.

316.

Von zweien Welten will die wahre jede sein,
Und wirft der andern vor, sie sei ein leerer Schein.

Wenn du die Wirklichkeit als wirklich anerkennst,
So ist das Ideal dagegen ein Gespenst.

Doch wenn mit ew'gem Strahl dich trifft das Ideal,
Ist das Vergängliche dagegen dumpf und kahl.

Nicht wenn das eine durch das andre du verneinst,
Du bist beglückt, wenn du die beiden schön vereinst;

Wenn Geistiges für dich Gestalt und Leib annimmt,
Und im Vergänglichen der ew'ge Funke glimmt.

317.

Hauch Gottes, Poesie, O komm mich anzuhauchen,
In deinen Rosenduft die kalte Welt zu tauchen.

Was du anlächelst, lacht, was du anblickest, glänzt;
Die Eng erweitert sich, und Weites wird begrenzt.

Durch dich ist ewig, was im Augenblick geschwunden,
Was ich gelebt, gedacht, genossen und empfunden.

318.

Je mehr die Liebe gibt, je mehr empfängt sie wieder,
Darum versiegen nie des echten Dichters Lieder.

Wie sich der Erdschoß nie erschöpft an Luft und Glück;
Denn alles, was er gibt, fließt auch in ihn zurück.

319.

Wo hört die Heimat auf, und fängt die Fremde an?
Es liegt daran, wie weit das Herz ist aufgetan.

Ein enges Herz, das sich verstockt im Winkel hat,
Es findet fremdes Land drei Finger von der Stadt;

Ein weites aber hat das Fernste sein genannt,
Als wie vom Himmel wird die blühende Welt umspannt.

320.

Du klagest auch, o Freund, nicht recht mit dem zufrieden,
Was dir in deinem Kreis zu wirken war beschieden.

Wohl freilich anders siehst du das Gewirkte jetzt,
Als da du Mut und Kraft zuerst ans Werk gesetzt.

Wer ist zufrieden denn? Dich tröst es immerhin,
Ich bin zufrieden, daß ich nicht zufrieden bin.

Zufrieden bin ich nicht mit dem, was ich getan,
Zufrieden nur damit, zu tun, soviel ich kann.

321.

Stets besserst du an dir und immer findest du
Zu bessern mehr, je mehr du besserst; bess're zu!

Nur wer aus Gottes Welt nicht bess'res kennt, als sich,
Nichts bess'res weiß, noch will, ist unverbesserlich.

Du bist der Beste nicht! Das treibet dich zum besten;
Wer sich den Besten glaubt, der hat sich selbst zum besten.

322.

Die Flur, auf deren Grün geliebte Blicke weilten,
Durch deren Morgentau geliebte Tritt' enteilten,

Hat einen Farbenschmelz, hat einen Sonnenglanz,
Mit dem wetteifern kann kein blüh'ndster Frühlingskranz.

Der Frühling kommt und geht, kehrt wieder, wird vergessen;
Wo Myrten dufteten, da schauern nun Zypressen:
Doch nie vergißt mein Herz ein Glück, einst hier besessen.

323.

Herr, deine Welt ist schön, Herr, deine Welt ist gut;
Gib mir nur hellen Sinn, gib mir nur frohen Mut!

Ich fühle, daß ich bin, ich fühle, daß du bist,
Und daß mein Sein von dir ein sel'ger Abglanz ist.

Die Welt beseligst du, beseligst dich in ihr;
Sollt ich nicht selig sein, Allseliger, in dir!

324.

Zu trösten brauch ich dich in deinem Leiden nicht,
O Freund, du tröstest mich mit heiterm Angesicht.

Mit heiterm Angesicht der Erde Leiden tragen,
Das ist des Himmels Licht, das läßt uns nicht verzagen.

325.

Es tut mir leid, daß du mich mißverstanden hast;
Rechtfert'gen soll ich mich? Vergeblich acht ich's fast.

Ich seh dein Mißverstand ist einmal so im Schwung,
Du würdest mißverstehn auch die Rechtfertigung.

326.

Die Gegend könnte mir ganz anspruchslos gefallen,
Wenn sie als überschön nicht wär verschrien von allen.

Nun macht die Augen, was sie suchten und nicht finden,
Auch für das Schöne, das sich wirklich fand, erblinden.

Gern ließ ich euern Mann das, was er wert ist, gelten;
Weil ihr ihn überschätzt, muß ich ihn leider schelten.

327.

Des Ruhmes Garten wird nie blumenleer gepflückt,
Wie mancher sich daraus mit Kränzen schon geschmückt.

An jeder Stelle, wo ein Jüngster Schönes brach,
Wächst gleich ein Schöneres für einen Jüngern nach.

328.

Der Einsicht schadet nur Gelehrsamkeit, zu große,
Besser als Brillen sieht gesunder Sinn, der bloße.

Hast du erst nachgesehn, wie die Ausleger es
Verstehn, so bist du blind; sieh selber und versteh's!

329.

Arbeitsam willst du sein, doch nicht Erholung missen,
Und beides möchtest du recht auszugleichen wissen.

Laß dir empfehlen, was Erfahrung mir empfohlen:
Von einer Arbeit dient die andre zum Erholen.

Die Ausruh' bester Art ist Wechseltätigkeit,
Wo gleich im Wechsel bleibt des Strebens Stetigkeit.

330.

Halt aufrecht, lieber Sohn, den Wuchs und deinen Geist,
Daß du von grobem Sinn und groben Gliedern seist.

Die falsche Demut senkt, die Tücke senkt ihr Haupt;
Dem freien Mut hat Gott empor zu schaun erlaubt.

331.

Mit meinen Söhnen ging ich wandernd über Land,
Und es war wunderbar, wie ich mich da empfand.

So reizend zweifelhaft war es mir nie erschienen,
Ob ich ihr Führer sei, ob selbst geführt von ihnen.

Sie mögen nun so fort stets unbedürft'ger schreiten,
Und fähiger, mich gern Bedürfenden zu leiten.

332.

Wer still steht, bleibt zurück, wenn andre vorwärts gehn;
O Unglück und o Glück! Nie darfst du stille stehn.

Was hilft's, wonach du rennst, als Höchstes zu erkennen.
Wenn du zugleich erkennst, es sei nicht zu errennen.

Der grade Weg ist nicht, nur immer gradaus gehn;
Du mußt dich nach dem Ziel, das stets sich wendet, drehn.

Wie gern beschied ich mich, ich sei noch nicht am Ende,
Wenn ich mich nur nicht stets am Anfang wieder fände!

333.

Es ist ein Ewiges, das wandelt und das bleibt,
Das in sich selber ruht und ruhlos alles treibt.

Du mußt Erregungen und Leidenschaften lassen,
Wenn du das Ewige, das ruhet, willst erfassen.

Du mußt Erregungen und Leidenschaften hegen,
Wenn dich das Ewige, das wandelt, soll bewegen.

Erfassend und erfaßt, erregend und erregt,
Sei gleich dem Ew'gen selbst, bewegt und unbewegt.

334.

Mit Unvollkommenheit zu ringen ist das Los
Des Menschen, ist sein Werk und nicht sein Mangel bloß.

Was unvollkommen ist, das soll vollkommen werden;
Denn nur zum Werden, nicht zum Sein, sind wir auf Erden.

335.

Ihr mögt mich umganglos und ungesellig schelten!
Wen aber hab ich denn, der mich als mich läßt gelten?

Wo ich mich selber muß verleugnen immerhin,
Da bin ich einsam, wo ich in Gesellschaft bin.

336.

Wenn ihr vielleicht vermißt in diesem Buch die Einheit,
Statt großes Ganzen seht der Einzelheiten Kleinheit;

Doch eine Einheit ist, und doppelte, darin:
Die Einheit in der Form, die Einheit auch im Sinn.

Auf wieviel Stoff nun angewandt die Einheit sei,
Das lenkt der Zufall, und ist wirklich einerlei.

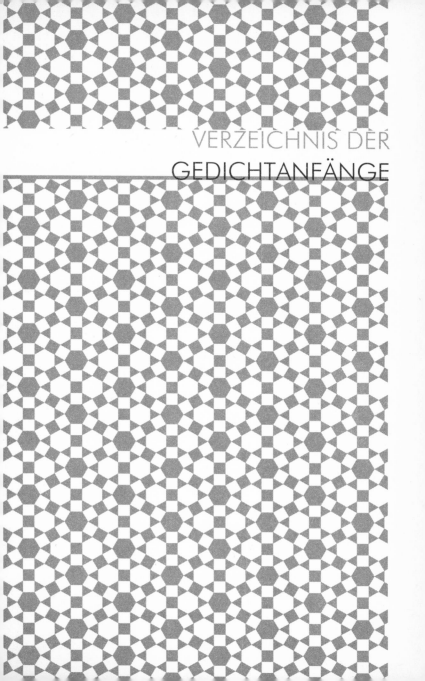

VERZEICHNIS DER
GEDICHTANFÄNGE